はじめてでもかわいく作れる

布こもの事典

猪俣友紀
（neige+）

西東社

≪ はじめに ≫

小さいころから手芸に興味があり、はじめてミシンに触れたのは5歳のときでした。

趣味で洋服作りをする中で、余った生地を活かしてこもの作りを始めたころ、

一冊の手芸本との出会いがきっかけで、私のライフスタイルが変わっていきました。

それが今も続くブログ『neige＋手作りのある暮らし』の原点です。

本書には「端切れ」で作れる身近なこものから、バッグやポーチなどの

普段使いできるアイテムのほか、手縫いで作れるこものも加えてみました。

手作りを始めたばかりの方は、まず身近なこものからチャレンジしてみませんか。

手縫いが得意な方は、ぜひお手持ちの生地で楽しんでみてください。

自分や誰かのために手作りをしている時間は、日常を忘れ、自然と心が癒されます。

この本との出会いが新しいライフスタイルの「心のスパイス」となれば幸いです。

普段より応援してくださる皆様に、心より感謝申し上げます。

猪俣友紀（neige＋）

この本の作品のデザインは
すべて商用利用OK！

本書を参考に作られた布こものは個人の販売サイト、フリマサイトやイベントなどで商品として自由に販売することができます（ただし、布地の中には商用不可のものもあるので注意しましょう）。
また、作品が完成したら皆様の作ったハンドメイドを、ハッシュタグをつけてSNSでシェアしてみましょう。
同じハンドメイド好きな方とつながって、手作り時間がますます楽しくなりますよ。

#猪俣友紀の布こもの事典　#西東社
#はじめてでもかわいく作れる布こもの事典

CONTENTS

part 1　マスク

part 2　ポーチ

part 4 キッチングッズ

part 5 リビンググッズ

part 6 ソーインググッズ

この本の見方

この本では手順を追った写真またはイラストで、作り方をそれぞれ解説しています。

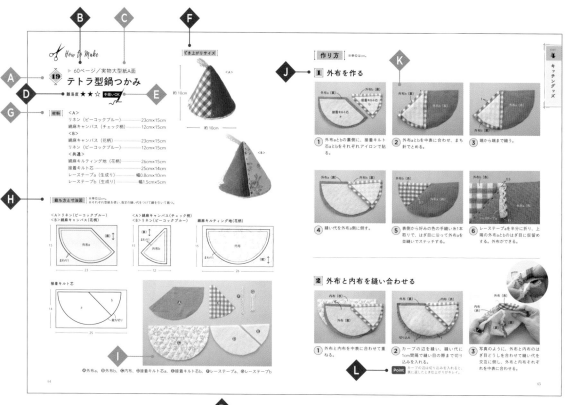

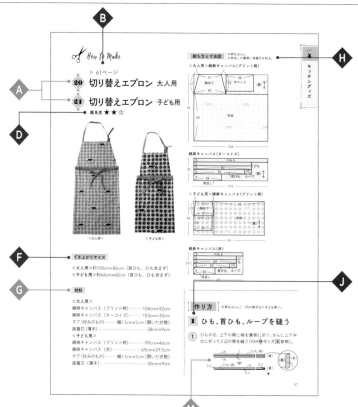

A 作品番号

作品には1～51の番号がついている。作品はパートごとに分かれており、作り方内でも、この番号マークを使用している。

B 作品写真ページ

作品写真の掲載ページ。作品写真のページには、作り方ページが記載されている。

C 型紙

型紙を使用する作品の場合は、別紙の型紙の掲載面を表示。

D 難易度

作品の作りやすさを、3段階の星で表示。

★☆☆／初心者にも作りやすい、簡単な作品。
比較的短時間で仕上げられる。

★★☆／少し慣れてきた、中級者向けの作品。
縫い合わせるパーツも多くなる。

★★★／上級者におすすめの作品。
縫う場所も多く、やや複雑な作り方になる。

E 手縫いOK

手縫いでも作りやすい作品、または手縫いで作る作品。

F でき上がりサイズ

でき上がる作品の寸法。作り方を写真で解説しているページでは、作品の写真に合わせて寸法を記載。作り方をイラストで解説しているページでは、作品の横幅の寸法×縦または高さの寸法×マチ（厚み）の寸法で記載。

G 材料

作品を作るために必要な布の種類と量、副資材などの素材とサイズ。布の寸法は横（幅）×縦（長さ）で記載。実際に使用したものを記載しているが、好みで変更してもよい。

H 裁ち方と寸法図

必要なパーツをカットするための案内図。数字は寸法（cm）を表している。型紙がないパーツは、図に表示されている寸法通りに線を引く。型紙がある場合は、配置の仕方を示している。接着芯を貼るパーツは、薄ピンクで示している。

I 布と副資材写真

裁ち方と寸法図に合わせてカットした布のパーツと、必要な副資材を写真で紹介している。

J 工程番号

作品を作るための順番と主な作業内容。作業を中断する際は、番号ごとに区切るとよい。

K 作り方写真

一部の作品の作り方は、写真で解説している。写真は実際に使用した布や副資材で解説。糸はわかりやすいように赤い糸を使って縫っているが、実際には使用する布に合わせて色を選ぶ。写真内の数字は寸法（cm）を表す。

L Point

写真で解説している作り方の工程で、特に注意したい点を解説。

M 作り方イラスト

一部の作品の作り方は、イラストで解説している。その工程で縫う位置は赤い点線で表示している。イラスト内の数字は寸法（cm）を表す。

主な用語

縫う

記載がない場合は、ミシンの直線縫いを表す。縫い始めと縫い終わりは、すべて返し縫い（ほつれないように縫い目を重ねる）をする。ぐし縫い、コの字縫いは、手縫い。

仮留め

パーツなどの位置がずれないように、粗い針目のミシンで縫ってとめておくこと。

中表

布の表側どうしを合わせて重ねること。2枚の布の裏側がそれぞれ外側になる。

外表

布の裏側どうしを合わせて重ねること。2枚の布の表側がそれぞれ外側になる。

返し口

パーツを中表に合わせて縫い合わせたあと表に返すために、一部を縫わずに残しておくこと。表に返すときにほつれないように、返し口の両端も必ず返し縫いをする。

中央の印、合印

パーツどうしを合わせるためなどの目安。布の表裏どちらからでも見えるように、小さく切り込みを入れておくとよい。

布こもの作りの基本

道具について　この本の布こものを作るための道具を紹介します。

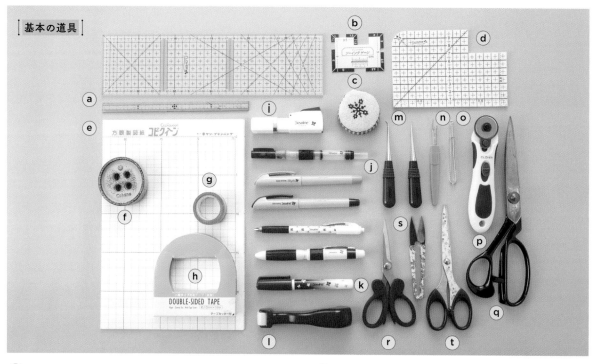

基本の道具

a **定規**　透明でマス目が入った方眼定規が便利。小さいものを作るときは、短い定規もあるとよい。

b **ソーイングゲージ**　5mm単位でメモリがついている小型の定規。カーブの縫い代を引くときに役立つ。

c **メジャー**

d **アイロン定規**　布を測って定規の上に折り込んだ上から、直接アイロンがかけられる。

e **方眼製図紙**　型紙を写して使う、薄手でハリのある紙。メモリがついているので直線が引きやすく、左右対称の型紙なども写しやすい。

f **ウエイト**　折った布や型紙を当てた布を押さえるための重し。

g **マスキングテープ**　ラミネートや口金など、ペン型チャコなどで印が描きにくいものに、貼って印をつける。ミシンの針板スケールに印をつける際にも使う。

h **両面テープ**　ラミネートにタグなどを仮留めするときなどに使用する。

i **糸通し器**

j **印つけ用のペン類**　水で消えるタイプや時間がたつと消えるタイプのペン型チャコ、シャープペンシルタイプのチャコ、専用の消しゴムや水消しペンなど。描くものの素材や色、印をつける場所などに応じて使い分ける。

k **仮留め用スティックのり**　まち針の代わりに使える、仮留め用ののり。

l **押さえ用ローラー**　細かい部分を折るときや、ラミネートなどアイロンをかけられない素材に、アイロン代わりに使う。

m **目打ち**　穴をあけたり、袋などの角をキレイに出すときに使う。縫い目をほどくときや、カーブを引き出す際には、先端がカーブしていると使いやすい。また、ミシンで縫うときの押さえとしても使う。

n **リッパー**　ミシンの細かい縫い目など、はさみで切りにくい糸を切るときに便利。

o **ひも通し**　ひもやゴムの太さに関係なく使える、先端をはさんで使うタイプがおすすめ。

p **ロータリーカッター**　歯を回転させて使う、布専用のカッター。置いた状態でカットできるので、重ねた布や、型紙を当てた布がずれにくい。

q **裁ちばさみ**　布を裁つための専用のはさみ。布以外の素材には使用しないこと。

r **手芸用はさみ**　先端が細いので、布の細かい部分をカットしたりするときに便利。

s **糸切りばさみ**

t **クラフトはさみ**

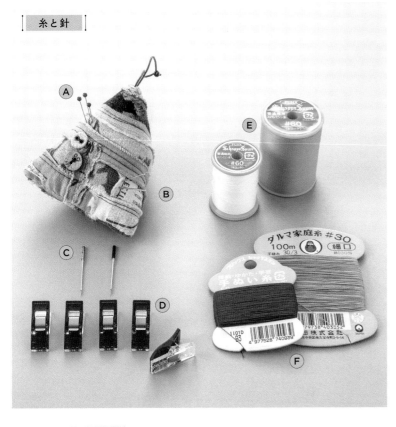

(A) **まち針** 布の端や印どうしなどを合わせて、動かないようにとめる。ミシンで縫うときは、針が落ちる手前で横から抜きながら縫い進める。

(B) **手縫い針** 返し口を閉じたり、ボタンなどを縫いつけるときに使う。針の頭部分がY字に割れている「セルフ針」は、溝に糸を渡して穴に落として通すので、糸通しが簡単。

(C) **ミシン針** 番号の数字が大きくなるほど太い針になるので、布の厚さや重ねた枚数によって選ぶ。この本では、オックスやブロードなど普通の厚さの布には11番、キャンバスやラミネートなど厚めの布には14番を使用。

(D) **手芸用クリップ** まち針の穴の跡を残したくないラミネートや、布が重なってまち針が通しにくい場合などに使う。

(E) **ミシン糸** 番号の数字が大きくなるほど、糸が細くなる。この本では、ポリエステル製の60番を使用。

(F) **手縫い糸** 番号の数字が大きくなるほど糸が細くなるので、布の厚さに合わせて選ぶ。

革用器具

革に穴をあけるときには、回転式穴あけパンチを使うと便利。穴の大きさが選べ、ラクにあけることができる。

ヘッドを回転させて穴の大きさを選び、穴をあける部分（写真は革を折って重ねている）をはさむ。

ミシン糸とミシン針の基本の組み合わせ

綿や麻素材の伸縮性のない布を縫う場合は、ポリエステルなどの合成繊維の糸を使うとよい。

ミシン糸	ミシン針	用途
90番	9番	ローンやシフォンなどの薄い布
60番	11番	オックスやシーチング、リネンなどの普通の厚さの布
60番、30番	14番	キャンバス、デニム、ラミネートなどの厚めの布
ニット用50番	ニット用	ニットなどの伸縮性のある布

ミシン糸の色の選び方

ミシン糸は、縫い目が目立たないように布に近い色でやや濃いめの色を選ぶ。布に柄がある場合は、柄の中で一番多く使われている色の糸を選ぶのが基本。また、表側と裏側で違う布を合わせて縫う場合は、ミシンの上糸と下糸をそれぞれの布の色に合わせて選ぶとよい。

布を裁つ

布の裏側に、ペン型チャコなどで必要なパーツの線を定規で引くか、型紙を写してからまとめて裁つようにしましょう。

●型紙がない場合

方眼定規
（裏）

布の裏側に、布目に沿って方眼定規を使い、ペン型チャコなどで線を引く。この本では、型紙がないパーツは縫い代込みの寸法になっているので、縫い代はつけずにカットする。

布の地直し

布を一度水に通してから、布目の方向を整えること。水に1～2時間浸してから、角を整えて陰干しし、半乾きの状態でアイロンをかけて布目を整える。リネンや綿麻混紡素材の布は、洗ったときに縮むことがあるので、地直しをするとよい。綿素材の布や洗う必要のない作品に使う布は、スチームアイロンで布目を整える。

●型紙がある場合

① 型紙を写してカットする。直線を含む型紙の場合は、方眼製図紙を使うとよい。

（裏）

② 布の裏側に布目の方向に注意して型紙を合わせ、まち針でとめる。

ソーイングゲージ

③ ペン型チャコなどで、型紙の周囲に指定の縫い代をとって線を引く。

縫い代線

④ 写し終わったところ。中央の印などもつけておく。

⑤ 縫い代線でカットする。まち針を取り、型紙をはずす。

⑥ 中央の印で折り、布端から0.3cmほどの位置を斜めにカットする。

⑦ 中央にV字の切り込みが入る。

中央の印を途中で入れる

布を縫い合わせたあとなどに中央の印を入れる場合は、布端または縫い目どうしを合わせて半分に折り、V字の切り込みを入れる。

●「わ」のある型紙を写す場合

（裏）　折り山（わ）

① 布を中表に半分に折り、型紙の「わ」の辺を折り山に合わせてまち針でとめ、縫い代の線を引く。

② 縫い代線で、2枚一緒にカットする。

③ 折り山の布端から0.3cmほどの位置を斜めにカットし、中央の印をつける。

④ 型紙をはずして布を広げる。中央にV字の切り込みが入る。

接着芯の使い方

布を補強したり、ハリを出して形崩れを防いだりする効果があります。布の裏側にのせ、アイロンを当てて接着します。

●接着芯の種類

接着芯の厚さは、貼る布の厚さと仕上がりのイメージに合わせて選ぶ。織布と不織布のものがあるが、この本では方向を気にせずカットできる不織布のものを使用している。必ずクラフトはさみでカットする。

a 接着芯（薄手）
この本で、布をよりしっかりさせたいときに使用。

b 接着キルト芯
ふっくらとした厚みを出したいときに使用。

●接着芯の貼り方

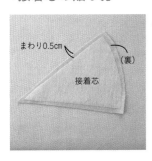

まわり0.5cm
（裏）
接着芯

① 型紙がないパーツは、指定のサイズに、型紙があるパーツは周囲に0.5cmの縫い代をつけてカットする。アイロン台に布の裏側を上にして置き、布の中央に接着芯ののりのついている面を下にしてのせる。

オーブンペーパー

② オーブンペーパーをのせ、アイロンで上から押さえるようにして全体を貼っていく。アイロンは横に滑らせず、少しずつ位置を変えて押さえる。オーブンペーパーは、透けて位置が確認しやすいので便利。

●接着キルト芯の貼り方

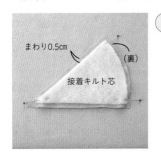

まわり0.5cm
（裏）
接着キルト芯

① 上記「接着芯の貼り方」①と同様に接着キルト芯をカットして布の裏側にのせる。まち針の頭が接着キルト芯の上にのらないように注意して、接着キルト芯が動かないようにまち針でとめる。

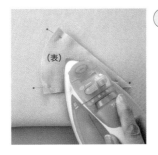

（表）

② 接着キルト芯をとめた布を裏返してアイロン台にのせ、布の表側からアイロンを当てる。アイロンは横に滑らせず、上から位置を変えて押し当てるように全体を貼っていく。

布の名称

布には織りに合わせて、縦方向と横方向がある。作り方ページの「裁ち方と寸法図」や型紙の矢印の向きを、布の縦方向に合わせて布を裁つ。

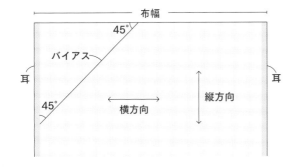

布幅
45°
バイアス
45°
耳
横方向
縦方向

耳……………… 布の両端にあるほつれない部分で、穴や文字などのプリントがある。通常、この部分は使用しない。

縦方向……… 耳と並行で、布を引っ張ったときに伸びにくい。

横方向……… 耳と垂直で、縦方向に比べると、布が伸びやすい。

バイアス…… 布が最も伸びる斜め45度の方向。カーブを縁取るときに使うテープなどは、この向きで裁つ。

布幅………… 布の耳から耳までの長さ。一般的な市販品には90cm、110cm、120cmが多い。

ミシンで縫う

縫い方のコツと縫う場所や素材などに合わせた押さえ金の選び方を紹介します。

●縫い目の長さと幅

縫い目の長さは、ミシンの針目1目の長さのことで、ミシンのダイヤルなどの数字が大きくなるほど粗い縫い目になる。縫い目の幅はジグザグ縫いなどの左右の縫い目の長さで、直線縫いのときは0にしておく。この本では、直線縫いはミシンの縫い目の長さ（粗さ）を2.5mm前後に、ジグザグ縫いは縫い目の長さ（粗さ）は2.5mm、縫い目の幅を7mmに設定している。

●針板スケールを使う

ミシンの針板スケールの数字は、針からの距離を表している。縫い代の寸法の数字の位置（縫い代1cmの場合は10mm）に布端を合わせると、針から同じ位置を縫い進めることができる。

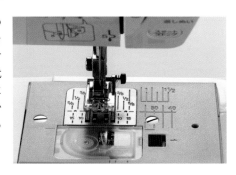

●直線縫い

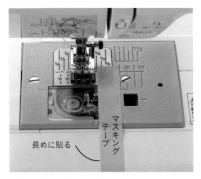

① 縫い代の寸法に合わせて、針板スケールのメモリに沿ってマスキングテープを長めに貼る（写真は縫い代1cmの場合）。

② 布端をマスキングテープに合わせて縫うようにすると、よりキレイにまっすぐ縫うことができる。

●ジグザグ縫い

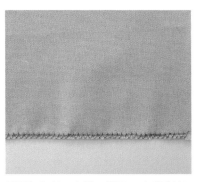

見返しなどの布端の処理にジグザグミシンをかける。ミシンによって、押さえ金が直線縫いと異なる場合があるので注意する。

●ひもなどの際を縫う場合

ひもなどの重ねた布の際を縫うときには裁ち目かがり押さえを使うと便利。布端を押さえ金のガイドに当てながら縫うと、布から落ちずに際をまっすぐ縫うことができる。

●ファスナーを縫う場合

押さえ金をファスナー押さえ（片押さえ）に替えて縫う。布を押さえる部分の横幅が狭いため、ファスナーのエレメント（務歯）に当たらずにまっすぐ縫うことができる。

●ラミネートを縫う場合

テフロン押さえ　ファスナー押さえ(裏側)

押さえ金をテフロン押さえに替えて縫う。布を押さえる部分がテフロン加工されているので、滑りがよくスムーズに縫える。ファスナーを縫う場合は、ファスナー押さえの裏側にマスキングテープを貼って滑りをよくするとよい（右）。

●縫い始めと縫い終わり

① 上糸と下糸は、後ろによけておく。縫い始めの位置に針を下ろしてから押さえ金を下ろす。

② 上糸と下糸を持って後ろに軽く引いてから、返し縫いをして縫い始める。こうすることで、糸のからみがなくなり、キレイに縫える。

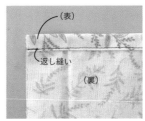

③ 縫い終わりも返し縫いをし、縫い始めと縫い終わりの余分な糸をカットする（写真は縫い始め）。

●返し口を閉じる

手縫い糸かミシン糸1本取りで、返し口の縫い代の折り山を交互にすくう。数針縫ったら糸を引くと、表側に縫い糸が見えなくなる。

●タグを縫う

① タグの3辺を縫い終わったら、針を下ろしたまま押さえ金を上げて向きを変える。

② 布をめくり、縫い始めの上糸を目打ちで裏側に引き出しておく。

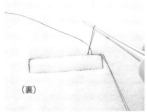

③ 縫い終わりは、縫い始めの縫い目に1cmほど重ねて縫って糸を切る。縫い終わりの上糸を目打ちで裏側に引き出す。

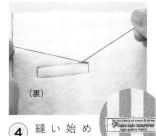

④ 縫い始めの上糸と下糸、縫い終わりの上糸と下糸の2本ずつで2回結び、糸を切る。

●ラミネートにタグを縫う

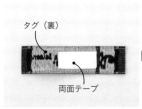

まち針でとめられないので、タグの裏側に細めの両面テープをつけて仮留めしてから縫う。

●角を表に返す

① 角の縫い代を縫い目に沿って折り、指で押さえる。

② 折った縫い代を目打ちで整えながら、表に返す。

布合わせのヒント 同じ作品でも、布合わせによって印象が違ってきます。

1 布の配置を変えてみる

例えば4枚の布を組み合わせる場合、同系色の布を上下に配置したとき、斜めに配置したときで印象が変わります。組み合わせる布が決まったら、配置を変えて、好きなパターンを探してみて。

同系色を上下に配置

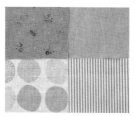
同系色を斜めに配置

2 布を重ねて遊ぶ

カットワークレースや透け感のある布などは、下に別の布を合わせて使うのもおすすめです。カットワークレースと同じ色の無地を重ねると、より立体感が出ます。違う色の無地を重ねたり柄布を合わせて、レースの隙間からちらりと見える柄を楽しんでも。

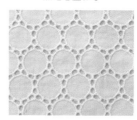
無地を重ねる

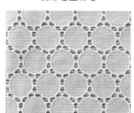
柄布を重ねる

3 柄の中から1色をセレクト

柄布と無地を合わせるときは、柄の中から1色をピックアップして合わせると、失敗がありません。一番明るい色を選ぶと全体的に明るくなり、濃いめの色を選ぶとよりまとまりが出ます。また、柄の中の1色の同系色でも相性がよく、一番暗い色を選ぶとシックな印象になります。

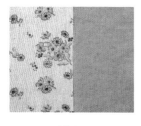
明るい色を選ぶ

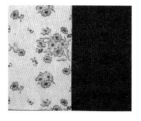
濃い色を選ぶ

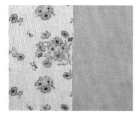
同系色を選ぶ

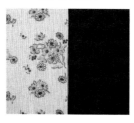
暗い色を選ぶ

4 柄布どうしは間に無地を

色の濃さや柄の大きさなどが異なる柄布どうしを合わせるときは、間にワンクッションとして無地をはさむと、全体がしっくりなじむことも。間にはさむ布の幅は、狭くしたり、広くしたりして、ベストなバランスを見つけましょう。

無地の幅を狭くする

無地の幅を広くする

5 布の割合を変えてみる

柄布と無地を組み合わせる場合は、それぞれの布の割合も大切なポイント。同じ布を使っても、柄布の面積が大きいと華やかな印象に、無地の面積が大きいと柄布がワンポイントの役割になります。

柄布の面積を大きくする

無地の面積を大きくする

6 印象的な布をポイントに使う

はっきりした色柄の布や個性的な布は、無地やストライプなどの落ち着いた布の間に挿し色として使うのもおすすめ。大きめの柄は、柄がわかるようにある程度見せつつ、余白の無地部分も出します。細かい柄は、濃い色合いなら少ない面積でもアクセントになります。また、あえて柄が途中で切れるように配置しても。柄にパターンがある場合は、1パターン分を入れるようにすると整った印象になります。

7 タグやレーステープをあしらう

シンプルな布合わせ（右）も素敵ですが、少し物足りないと思ったら、タグやレーステープなどをプラスしてみては。レーステープは布の中側につけるか、布どうしのはぎ目につけるかでも印象が変わります。また、布製のタグをつけたり、革をつけるだけでも仕上がりがワンランクアップします。

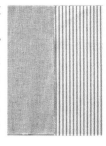

大きめの柄

濃い色合いの柄

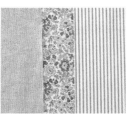

布の中側につける

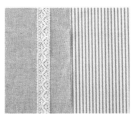

はぎ目につける

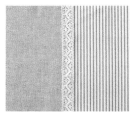

柄を途中で切る

1パターン分入れる

タグをつける

革をつける

装飾パーツコレクション

布こものに彩りを添えてくれる装飾パーツを取り入れて、個性的な作品作りを楽しみましょう。

★タグ、♡革、●タブ

＊布テープ、☆レーステープ

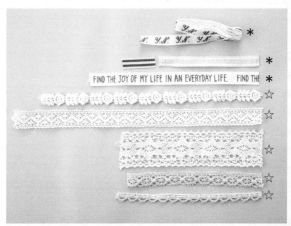

part 1

マスク

3タイプの布マスクから使いやすいデザインを探してみましょう。
お気に入りの布で作れば、気分が上がります。

 1 **プリーツマスク**
大人用（上）

 2 **プリーツマスク**
子ども用（下）

つけたときにプリーツ部分が広がる
ので、カバー力は抜群。

作り方…18ページ

裏面は肌にやさしい
ガーゼ素材

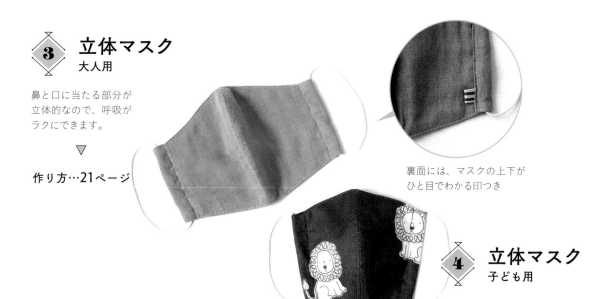

3 立体マスク
大人用

鼻と口に当たる部分が
立体的なので、呼吸が
ラクにできます。

▽

作り方…21ページ

裏面には、マスクの上下が
ひと目でわかる印つき

4 立体マスク
子ども用

5 バルーンマスク
大人用（上）

6 バルーンマスク
子ども用（下）

耳かけ部分が一体になっていて、
フェイスラインにフィットします。

▽

作り方…22ページ

7 バルーンマスク
裏布つき

1枚仕立てか裏布つき
が選べます

How to Make

▶ 16ページ

◆1 プリーツマスク 大人用

◆2 プリーツマスク 子ども用

難易度 ★ ☆ ☆ 手縫いOK

| 材料 | <大人用>
綿ブロード（薄ベージュ）…………16～17cm×21cm
ダブルガーゼ（生成り）…………16～17cm×17cm
綿ローン（小花柄）………………10cm×12cm
マスク用ゴム………………………約27cmを2本
ノーズワイヤー………………………………10cm
<子ども用>
綿シーチング（プリント柄）……23～25cm×20cm
ダブルガーゼ（水玉柄）………13～15cm×16cm
マスク用ゴム………………………約25cmを2本
ノーズワイヤー……………………………7.5cm

| でき上がりサイズ |

<大人用>

約9cm

約16.5～17.5cm

<子ども用>

約8cm

約13.5～15.5cm

| 裁ち方と寸法図 | ※単位はcm。

<大人用>
綿ブロード（薄ベージュ）

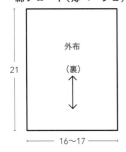

外布（裏）

21

16～17

ダブルガーゼ（生成り）

内布（裏）

17

16～17

綿ローン（小花柄）

縁布　縁布（裏）

12

5　5

10

<子ども用>
綿シーチング（プリント柄）

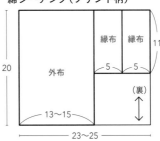

外布

縁布　縁布

（裏）

20

5　5

13～15

23～25

ダブルガーゼ
（水玉柄）

内布（裏）

11

16

13～15

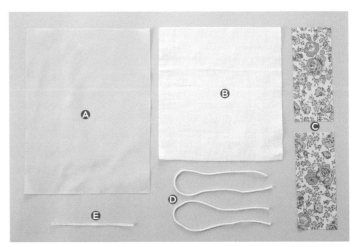

Ⓐ外布、Ⓑ内布、Ⓒ縁布2枚、
Ⓓマスク用ゴム2本、Ⓔノーズワイヤー

作り方 ※単位はcm。〔　〕内の数字は<子ども用>。

1 外布と内布を縫い合わせる

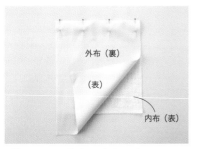

① 外布と内布を中表に合わせ、上端を合わせてまち針でとめる。

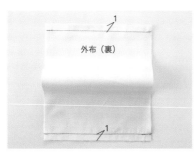

② 上端を縫う。下端も同様に合わせて縫う。

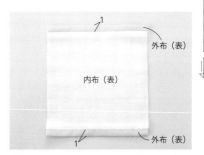

③ 縫い代をアイロンで割り、表に返す。写真のように折って、アイロンで押さえる。

2 プリーツを折る

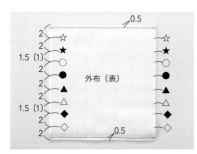

① 外布側から、上下の端を縫う。外布の左右の端に、ペン型チャコで印をつける。

② 上から2番めの印（★）に厚紙を当てて、アイロンで折り目をつける。

Point 布より長い厚紙を当てて折ると、端から端までまっすぐ折れる。

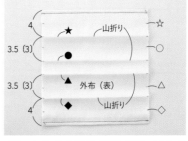

③ 上から4番めの印（●）下から4番めの印（▲）、2番めの印（◆）にそれぞれ折り目をつける。

④ 1番上の折り山（★）をすぐ上の印（☆）に合わせ、まち針でとめる。

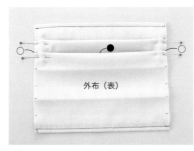

⑤ 次の折り山（●）をすぐ上の印（○）に合わせ、まち針でとめる。

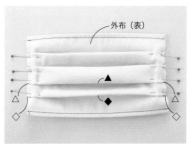

⑥ 下側の折り山も④、⑤と同様に合わせてまち針でとめる。

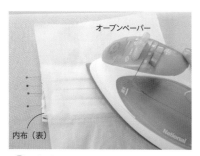

⑦ 内布側を上にしてオーブンペーパーを当て、アイロンで押さえる。外布側も同様にアイロンで押さえる。

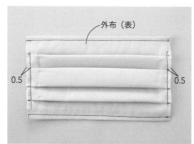

⑧ 左右の端を縫って、プリーツを仮留めする。

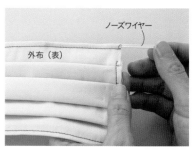

⑨ 上端の外布の内側に、ノーズワイヤーを差し込む。

3 縁布をつけて仕上げる

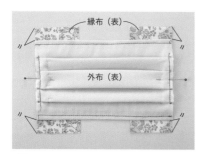

① 縁布の表側を、内布の左右にそれぞれ合わせて重ねる。縁布の上下は同じ量余るようにする。

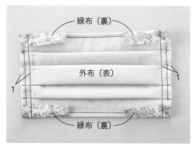

② 縁布の上下を外布側に折り込み、左右を縫う。

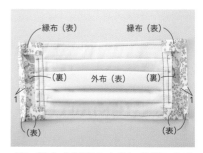

③ 縁布を写真のように外側になるように返し、端をそれぞれ折ってアイロンで押さえる。

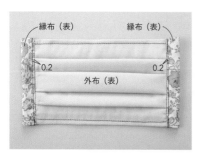

④ さらに、③の折り山を②の縫い目の上にかぶせるように折り、際を縫う。

⑤ 縁布にゴムを通して端どうしを結び、結び目をずらして縁布の中に入れ込む。

⑥ でき上がり。

How to Make

▶ 17ページ／実物大型紙A面

3 立体マスク 大人用

4 立体マスク 子ども用

難易度 ★ ★ ☆　**手縫いOK**

＜大人用＞

＜子ども用＞

| 裁ち方と寸法図 |
※単位はcm。〔 〕内の数字は＜子ども用＞。
※それぞれ型紙を使い、縫い代をつけずに裁つ。

＜大人用＞ダブルガーゼ（茶色）
＜子ども用＞綿ブロード（プリント柄）

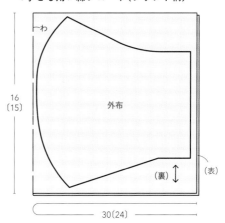

外布

わ
16（15）
（裏）（表）
30（24）

＜大人用＞ダブルガーゼ（茶色）
＜子ども用＞ダブルガーゼ（チェック柄）

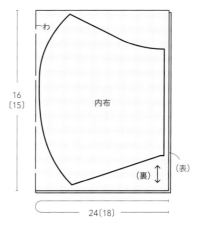

内布

わ
16（15）
（裏）（表）
24（18）

| でき上がりサイズ |

＜大人用＞約17cm×12cm（縦中央）
＜子ども用＞約13cm×11cm（縦中央）

| 材料 |

＜大人用＞
ダブルガーゼ（茶色）…30cm×16cm、24cm×16cm
布テープ……………………………… 幅1cm×3cm
マスク用ゴム ……………………約27cmを2本
＜子ども用＞
綿ブロード（プリント柄）………………24cm×15cm
ダブルガーゼ（チェック柄）……………18cm×15cm
マスク用ゴム ……………………約25cmを2本

| 作り方 | ※単位はcm。

1 外布と内布を
　それぞれ縫い合わせる

① 外布2枚を中表に合わせて縫う。カーブの部分の縫い代に、縫い目の際まで切り込みを入れる。

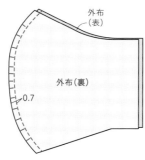

外布（表）
外布（裏）
0.7

② 縫い代をアイロンで割り、はぎ目の両脇を縫う。

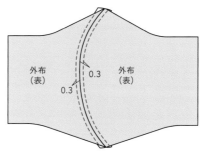

外布（表）　外布（表）
0.3
0.3

③ 内布2枚を、①、②と同様に作業する。

② 外布と内布を縫い合わせて 仕上げる

① 外布と内布を中表に合わせ、上下を縫う。

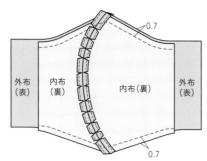

② 表に返し、上下の際を縫う。

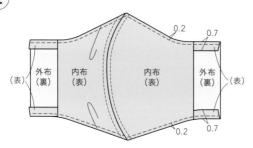

③ 内布の端に、外布の両端を折り、さらに折る。柄の上下がない布の場合は、マスクの上下がわかるように、布テープを半分に折ってはさむ。三つ折りの際を縫う。

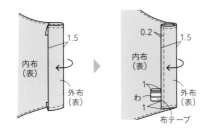

④ 三つ折りした部分にゴムを通して結び、結び目をずらして中に入れ込む。でき上がり。

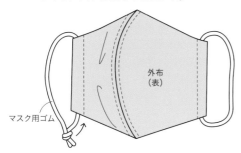

▶ 17ページ／実物大型紙A面

5 バルーンマスク 大人用

6 バルーンマスク 子ども用

7 バルーンマスク 裏布つき

難易度 ★ ☆ ☆　手縫いOK

<大人用>

<子ども用>

<裏布つき>

でき上がりサイズ

<大人用><裏布つき>約29cm×13cm（縦中央）
<子ども用>約24cm×11cm（縦中央）

材料

<大人用>
ニット地（好みのもの）......................40cm×17cm
<子ども用>
ニット地（好みのもの）......................30cm×15cm
<裏布つき>
ニット地（好みのもの）......................40cm×20cm
ダブルガーゼ（白）......................28cm×20cm

裁ち方と寸法図

※単位はcm。〔 〕内の数字は<子ども用>。
※それぞれ型紙を使い、縫い代をつけずに裁つ。

<大人用><子ども用>ニット地(好みのもの)

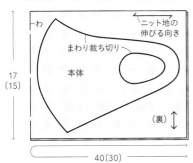

ニット地の伸びる向き
わ
まわり裁ち切り
本体
(裏)
17
(15)
40(30)

<裏布つき>
ニット地(好みのもの)

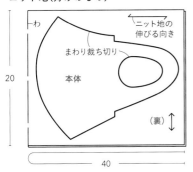

ニット地の伸びる向き
わ
まわり裁ち切り
本体
(裏)
20
40

ダブルガーゼ(白)

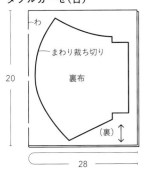

わ
まわり裁ち切り
裏布
(裏)
20
28

作り方 ※単位はcm。

1 本体を縫い合わせる

① 本体2枚を外表に合わせ、端を縫う。

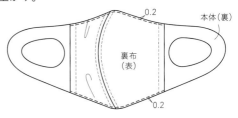

本体(裏)
本体(表)
0.3

② ①を中表に合わせて、端を縫う。<大人用>と<子ども用>のでき上がり。<裏布つき>の本体も同様に縫う。

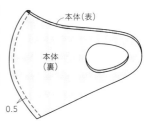

本体(表)
本体(裏)
0.5

2 裏布をつける

① 裏布2枚を中表に合わせて縫う。カーブの部分の縫い代に縫い目の際まで切り込みを入れる。

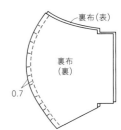

裏布(表)
裏布(裏)
0.7

② 縫い代を割り、はぎ目の両脇を縫う。

③ 左右の縫い代を三つ折りにして、際を縫う。

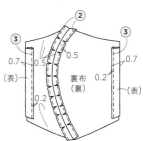

②
③
③
0.7 0.5 0.5 0.7
(表) 0.2 裏布(裏) 0.2 (表)

④ 本体と裏布を中表に合わせ、上下の端を縫う。

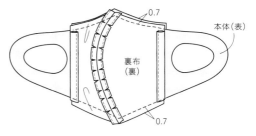

0.7
本体(表)
裏布(裏)
0.7

⑤ 表に返して、上下の際を縫う。<裏布つき>のでき上がり。

0.2
本体(裏)
裏布(表)
0.2

ポーチ

バッグの中の整理に欠かせないポーチは、いくつあってもうれしいもの。
プレゼントにしても喜ばれます。

8

ダブルファスナーポーチ

外ポケットにもファスナーがつい
た、使い勝手のよいポーチです。

作り方…28ページ

9

ペタンコポーチ

スタンダードなデザインだからこ
そ、布合わせで遊んでみても。

▽

作り方…34ページ

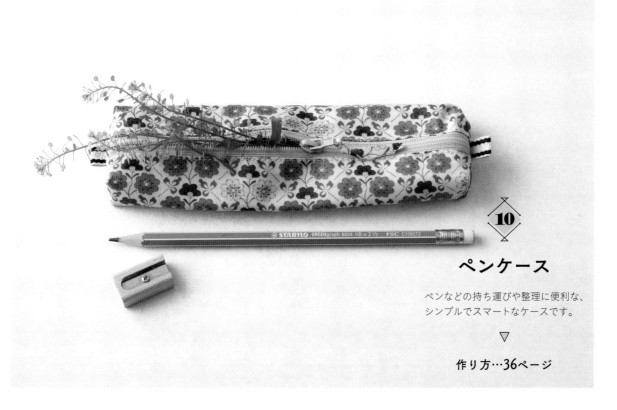

10

ペンケース

ペンなどの持ち運びや整理に便利な、
シンプルでスマートなケースです。

▽

作り方…36ページ

メガネケース

キルト芯でクッション性があり、
バネ口金で開閉もラクラク。

▽

作り方…37ページ

がま口ポーチ

ふっくらかわいいがま口は、小銭
入れや小物の整理に活躍します。

▽

作り方…41ページ

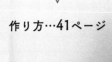

二つ折りポーチ

入れ口を折ったら、レースひもでひ
と巻き。革の留め具がアクセントに。

▽

作り方…40ページ

広い入れ口で出し入れ
しやすい

How to Make

8 ▶ 24ページ

ダブルファスナーポーチ

難易度 ★ ★ ★

約 15.5cm

約 21cm

材料

ラミネート（花柄）……………………… 46cm×18cm
ラミネート（リネン柄）………………… 23cm×17cm
ファスナー（ベージュ）………………… 20cmを2本
タグ ……………………………………… 幅1.5cm×6cm

| 裁ち方と寸法図 | ※単位はcm。

ラミネート（花柄）

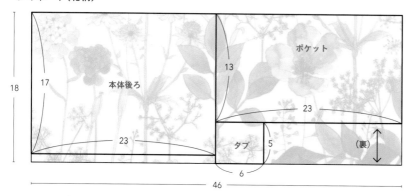

18

17

本体後ろ

23

13

ポケット

23

タブ

5

6

（裏）

46

ラミネート（リネン柄）

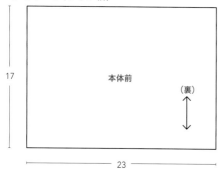

17

本体前

（裏）

23

Ⓐポケット、Ⓑ本体前、Ⓒ本体後ろ、Ⓓタブ、
Ⓔタグ、Ⓕファスナー2本

作り方　※単位はcm。

1 タブを作り、本体とポケットをカットする

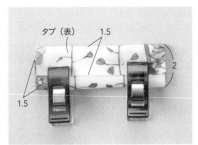

① タブを三つ折りにして、手芸用クリップでとめる。

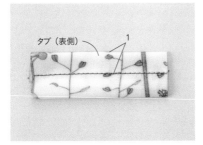

② タブの中央を縫う。布端の出ていない面が表側になる。

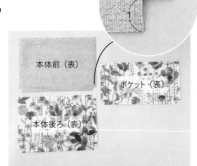

③ 本体前と後ろ、ポケットの下側の角2か所を、それぞれカットする。

2 ポケットにファスナーをつける

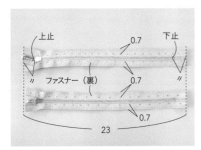

① ファスナーの左右の端が均等になるようにカットし、ペン型チャコで0.7cm内側に印をつける。

② ポケットの表側に、タグを縫いつける（P13「タグを縫う」参照）。

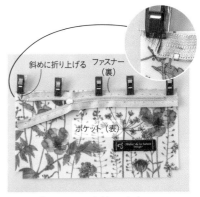

③ ポケットの上端に中表にファスナー1本を合わせ、手芸用クリップでとめる。ファスナーの上止側の端は斜め上に折ってとめる。

④ ミシンの押さえ金を「ファスナー押さえ」に替える。針は左側にする。ファスナーを5cmほどあけ、左端から印の上を縫い始める。

Point 「ファスナー押さえ」は、金具に当たらない側にセットする。

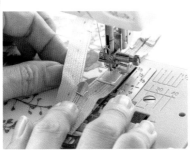

⑤ 引き手の手前まで縫ったら、針は刺したまま押さえ金を上げ、ファスナーを閉める。

⑥ 押さえ金を下ろし、端まで続けて縫う。

⑦ 縫い終わったところ。

⑧ ⑦を開き、ファスナーを端まであけて手芸用クリップでとめる。

⑨ 「ファスナー押さえ」を針が右側になるように替え、端から引き手の手前まで際を縫う。

⑩ 引き手の手前まで縫ったら、針は刺したまま押さえ金を上げ、ファスナーを閉める。

⑪ 押さえ金を下ろし、端まで縫う。

⑫ ポケットにファスナーがついたところ。

---

③ 本体前と後ろにファスナーをつける

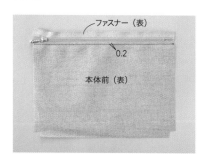

① 本体前の上端に、②−③〜⑫と同様にもう1本のファスナーをつける。

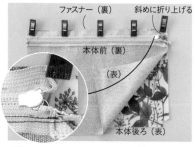

② 本体後ろの上端に、①のファスナーの端を中表に合わせ、手芸用クリップでとめる。ファスナーの上止側の端は、斜め上に折る。

③ ファスナー押さえを針が左側になるように替える。ファスナーを閉めたまま、引き手の手前まで縫う。

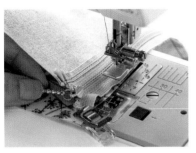

④ 引き手の手前まで縫ったら、針は刺したまま押さえ金を上げ、ファスナーをあける。

⑤ 押さえ金を下ろし、端まで縫う。

⑥ 縫い終わったところ。

⑦ ⑥を開き、ファスナーを端まであけて手芸用クリップでとめる。

⑧ ファスナーを5cmほど閉めてから縫い始め、**2**−⑨〜⑪と同様に縫う。

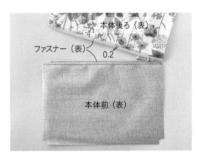

⑨ 本体前と後ろにファスナーがついたところ。

---

4 本体前にポケットをつける

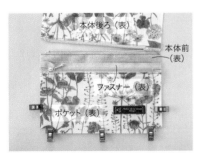

① 本体前の表側に、ポケットの表側を上にして重ねる。下端を合わせて手芸用クリップでとめる。

② ファスナーの上半分（縫っていない側）を裏側に折り込む。

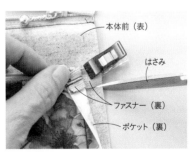

③ ポケットの右上をファスナーごとめくり、折り込んだファスナーの端に合わせてはさみで0.5cm切り込みを入れて合印をつける。

Point 切り込みで合印を入れておくと、表裏どちらからでも印がわかる。

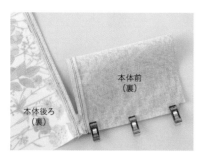

④ 反対側に合印をつけるために、本体前を中表に半分に折る。

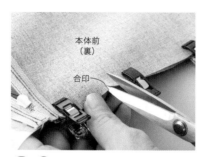

⑤ ③でつけた合印と同じ位置に合わせて、反対側にも0.5cm切り込みを入れて合印をつける。

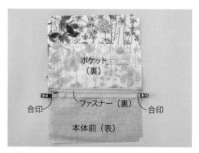

⑥ 手芸用クリップをはずし、本体前とポケットのファスナーを中表に重ね、合印にファスナーの端を合わせて手芸用クリップでとめる。

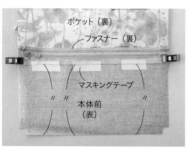

⑦ 下端からの幅が同じになるようにファスナーをまっすぐにマスキングテープでとめる。

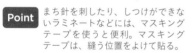

Point まち針を刺したり、しつけができないラミネートなどには、マスキングテープを使うと便利。マスキングテープは、縫う位置をよけて貼る。

⑧ ③-③〜⑤と同様に縫う。ただし、上止側の端は折り上げず、平らにする。

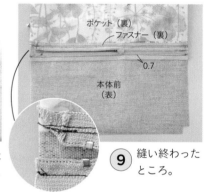

⑨ 縫い終わったところ。

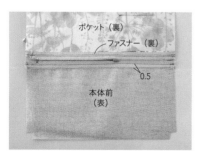

⑩ さらに、ファスナーの際を縫う。

⑪ ポケットを表に返す。本体前とポケットの左右と下端を合わせ、下端と左右を仮留めする。

⑫ タブの表側を外側にして半分に折って、本体前の左端に仮留めする。

5 本体前と後ろを縫い合わせて仕上げる

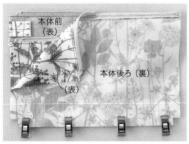

① ポケットをつけた本体前と後ろを中表に合わせ、下端を合わせて手芸用クリップでとめる。ファスナーは途中まであけておく。

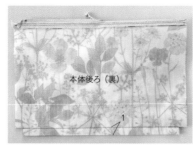

② 下端を縫う。

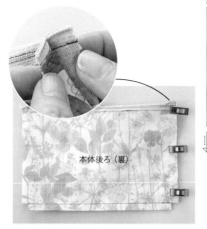

③ 本体前と後ろの上端（ファスナーの際）を合わせ、右端を手芸用クリップでとめる。

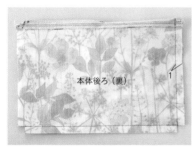

④ 端から端まで縫う。

⑤ 反対側に返し、③と同様に合わせて手芸用クリップでとめる。

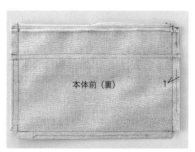

⑥ 端から端まで縫う。

⑦ ファスナーをあけ、角の縫い代を折って表に返す。

⑧ ミシン目の間に目打ち入れて、角をキレイに整える。

⑨ でき上がり。

▶ 25ページ

⑨ ペタンコポーチ

難易度 ★ ★ ☆ ┃ 手縫いOK

でき上がりサイズ

約21cm×12cm

材料

綿麻キャンバス（プリント柄）	……………23cm×10cm
デニム地（紺）	……………23cm×16.5cm
綿ブロード（花柄）	……………28cm×24.5cm
ファスナー（黄色）	……………20cmを1本
ボタン	……………直径2cmを1個

裁ち方と寸法図 ※単位はcm。

綿麻キャンバス（プリント柄）

外布a（裏）

10

23

デニム地（紺）

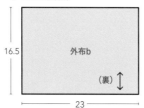

外布b（裏）

16.5

23

綿ブロード（花柄）

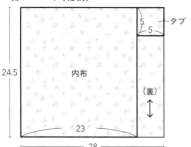

内布

タブ

5
5

24.5

23

28

（裏）

作り方 ※単位はcm。

① ファスナーをつける

① 外布aの上端に、ファスナーを中表に合わせて仮留めする（P29 ⑧作り方 ②-③〜⑥ 参照。ただしファスナーの端は折り上げない）。

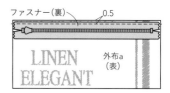

ファスナー（裏）　0.5

LINEN
ELEGANT

外布a
（表）

② 内布に①を中表に重ねて縫う。

0.7

外布a
（裏）

内布
（表）

③ ②を開き、際を縫う（P30 ⑧作り方 ②-⑧〜⑪参照）。

ファスナー（表）

0.2

外布a
（表）

内布
（裏）

④ ファスナーの反対側を外布bに中表に重ねて、仮留めする。

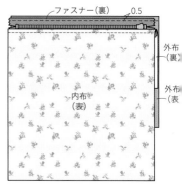

ファスナー（裏）　0.5

外布
（裏）

外布
（表）

内布
（表）

⑤ 内布を中表に折って、ファスナーに合わせて縫う。

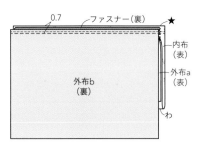

⑥ 外布bが表になるように返し、③と同様に際を縫う。

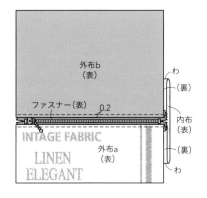

② 左右を縫って仕上げる

① 外布aとbを中表に合わせて縫う。縫い代を割り、アイロンで押さえる。

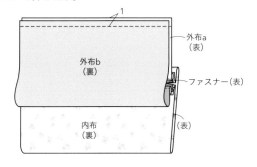

② タブの上下を裏側に折り、中央を縫う。こちらが裏側になる。

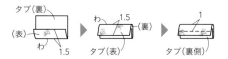

③ ①を表に返して図のように折り直す。タブの表側を外側にして半分に折り、ファスナーの中央に合わせて左端に仮留めする。

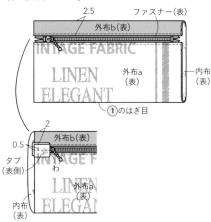

④ ファスナーを開いて裏返し、外布と内布それぞれが中表になるようにする。内布に図のように返し口の切り込みを入れ、切り込みを入れた縫い代をよけて左右の端を縫う（P81 **26** 作り方 **3**−③〜⑤参照）。

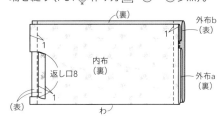

⑤ 返し口から表に返し、返し口をコの字縫いで閉じる（P13「返し口を閉じる」参照）。外布aと内布1枚をすくってボタンをつける。でき上がり。

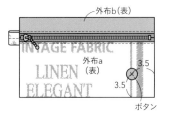

How to Make

▶ 25ページ

⑩ ペンケース

難易度 ★ ☆ ☆

でき上がりサイズ

約18cm×4.5cm×高さ2cm

材料

ラミネート（花柄）‥‥‥‥‥‥‥‥25.5cm×13.5cm
布テープ（好みのもの）‥‥‥‥幅1cm×6cmを2本
ファスナー（生成り）‥‥‥‥‥‥ 25〜30cmを1本

裁ち方と寸法図 ※単位はcm。

ラミネート（花柄）

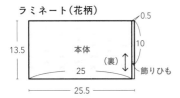

作り方 ※単位はcm。

① ファスナーをつける

① 本体の左右の端の上下を図のようにカットして、印（★）をつける。

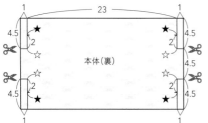

② 本体の上端に、ファスナーの左端（上止側）から中表に合わせて縫う（P29 ⑧ 作り方 ② −③〜⑥参照。ただしファスナーの端は折り上げない）。

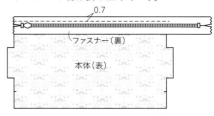

③ ②を開き、本体の際を縫う（P30 ⑧ 作り方 ② −⑧〜⑪参照）。

④ ファスナーの右側（下止側）に、本体の右端の線を引いておく。

⑤ 本体の下端にファスナーの反対側を中表に合わせる。本体の端と④の印を合わせ、②、③と同様に縫う。

⑥ 本体を図のように折り、ファスナーの右側をしつけ糸でとめ、本体の端に揃えてカットする。

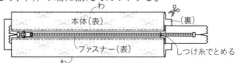

⑦ ファスナーの両脇の中央にそれぞれ、布テープを半分に折って仮留めする。

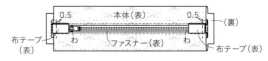

② 左右を縫って仕上げる

① ファスナーを開いて本体を裏返し、それぞれの★と☆を合わせて上下を内側に折り込み、左右の端を縫う。

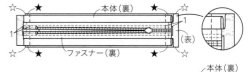

② ①の縫い代の端の凸部分で包み、際を縫う。

③ 表に返し、ファスナーの引き手の穴に、飾りひもを通して両端を揃えて結ぶ。でき上がり。

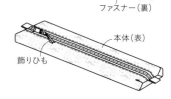

How to Make

▶ 26ページ

11 メガネケース

難易度 ★ ★ ☆ 　手縫いOK

でき上がりサイズ

約10.5cm×22cm（持ち手含まず）

材料

綿麻キャンバス（プリント柄）…………24cm×22cm
綿麻キャンバス（ストライプ柄）………24cm×17cm
綿麻キャンバス（グレー）……………24cm×41cm
接着キルト芯…………………………20cm×20cm
革（ベージュ）…………………… 幅2.5cm×3.5cm
革テープ（こげ茶色）…………幅1cm×5cmを2枚
Dカン ……………………………… 幅1cmを2個
ボタン ……………………………直径1.5cmを1個
バネ口金……………………………幅1cm×10cmを1個
持ち手チェーン（留め具つき）…………………… 1本

裁ち方と寸法図 ※単位はcm。

綿麻キャンバス
（プリント柄）

綿麻キャンバス
（ストライプ柄）

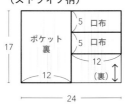

綿麻キャンバス（グレー）

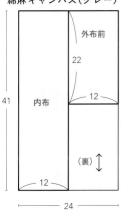

接着キルト芯

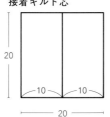

作り方 ※単位はcm。

1 底部分をカーブにカットする

① 内布を中表に半分に折り、わの左右の端をカーブにカットする。ペットボトルのキャップなどを使うと便利。

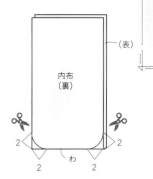

② 外布後ろの下側の左右の端を、カーブにカットする。

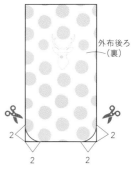

③ 外布前、ポケット表と裏、接着キルト芯も、②と同様にカットする。

④ 外布前と後ろの裏側に、接着キルト芯を貼る。

2 外布前にポケットをつける

① ポケット表と裏を中表に合わせ、上端を縫う。

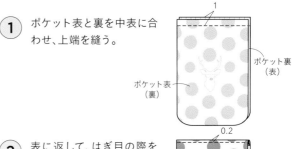

② 表に返して、はぎ目の際を縫う。

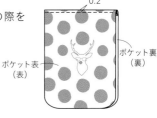

③ 外布前の表側に②を合わせ、仮留めする。

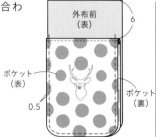

ポケット（表）
0.5
ポケット（裏）
外布前（表）
6

④ 口布の左右の端を裏側に三つ折りにして縫い、外表に半分に折る。

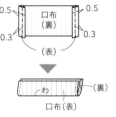

0.5 口布（裏） 0.5
0.3 （表） 0.3
（裏）
わ
口布（表）

⑤ ③の表側の上端に口布1枚を合わせて仮留めする。さらに、革を半分に折り、仮留めする。

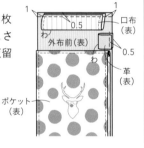

1 口布（表） 1
0.5
わ
外布前（表） 0.5 革（表） わ
ポケット（表）

⑥ 革テープにDカンを通して半分に折り、外布後ろの表側にそれぞれ仮留めする。

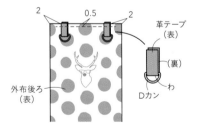

2 0.5 2
革テープ（表）
（裏）
外布後ろ（表）
Dカン わ

⑦ ⑥の表側の上端に、もう1枚の口布を合わせて、仮留めする。

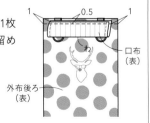

1 0.5 1
わ
口布（表）
外布後ろ（表）

③ 外布と内布を縫い合わせて仕上げる

① 内布を開き、外布前と後ろをそれぞれ中表に合わせて縫う。

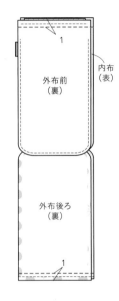

1
外布前（裏）
内布（表）
外布後ろ（裏）
1

② 外布前と後ろ、内布どうしが中表になるように合わせ直し、①の縫い代を外布側に倒す。口布をよけ、返し口を残して縫う。縫い代を割り、アイロンで押さえる。

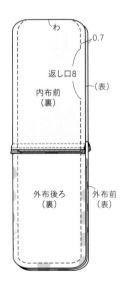

わ
0.7
返し口8
内布前（裏）
（表）
外布後ろ（裏）
外布前（表）

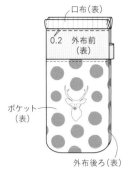

③ 返し口から表に返し、内布を内側に入れ、外布前と後ろの際を1周縫う。

口布（表）
0.2
外布前（表）
ポケット（表）
外布後ろ（表）

④ 返し口を縫って閉じる。

⑤ 内布を中に入れ、外布と一緒にボタンを縫いつける。

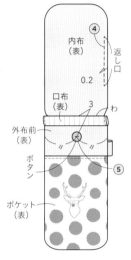

内布（表）
返し口
0.2
口布（表）
3
わ
外布前（表）
ボタン
⑤
ポケット（表）

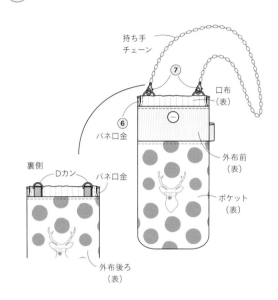

⑥ 口布にバネ口金を通す（下記「バネ口金の通し方」参照）。

⑦ Dカンに持ち手チェーンをつける。でき上がり。

持ち手チェーン
⑦
⑥
口布（表）
バネ口金
外布前（表）
ポケット（表）
裏側
Dカン
バネ口金
外布後ろ（表）

バネ口金の通し方

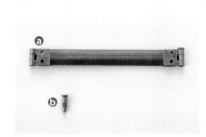

【用意するもの】
ⓐ バネ口金、ⓑ ネジ

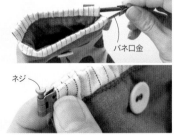

① バネ口金のネジの入っていない側を開き、袋の口金通し口にバネ口金をそれぞれ1本ずつ差し込む。端まで差し込んだら、開いた金具を戻してネジを差し込む。

バネ口金
ネジ

② 机などに当て布をのせ、ネジの頭を当てて押す。ネジが奥までしっかり入ったら完成。ネジがきつい場合は、木づちで上からたたいて入れる。

ネジ

▶ 27ページ

13 二つ折りポーチ

難易度 ★ ☆ ☆　手縫いOK

でき上がりサイズ

約20cm×23cm
（開いた状態）

材料

リネン（花柄）	22cm×25cm
綿シーチング（水玉柄）	22cm×48cm
デニム（ヒッコリー）	25cm×22cm
レースひも（好みのもの）	40cm
革a（スエード／茶色）	幅4cm×3cm
革b（茶色）	幅2.5cm×1cm
革c（茶色）	幅2.5cm×1.5cm

裁ち方と寸法図　※単位はcm。

リネン（花柄）

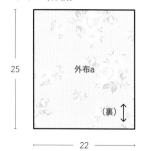

25

外布a

（裏）

22

綿シーチング（水玉柄）

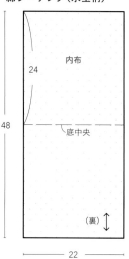

24

内布

48

底中央

（裏）

22

デニム（ヒッコリー）

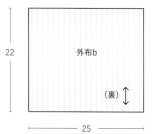

22

外布b

（裏）

25

作り方　※単位はcm。

1 外布を作る

① 外布aとbを中表に合わせ、端を縫う。縫い代を割る。

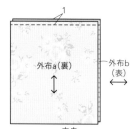

1

外布a（裏）

外布b
（表）

② 外布aの表側の左端に、革aを半分に折って仮留めする。さらに上端中央にレースひもを仮留めする。外布ができる。

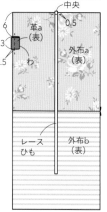

中央

0.5

6

革a
（表）

3

0.5

わ

外布a
（表）

レース
ひも

外布b
（表）

2 仕上げる

① 外布と内布を中表に合わせ、上下の端を縫う。レースひもを縫い込まないように注意する。

1

外布a
（裏）

内布
（表）

外布b
（裏）

1

② ①の縫い代をそれぞれ内布側と外布側に倒し、図のように折り直す。返し口を残して左右の端を縫う。縫い代を割り、アイロンで押さえる。

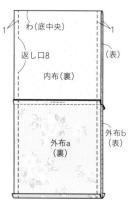

1

わ（底中央）

1

（表）

返し口8

内布（裏）

外布a
（裏）

外布a
（表）

③ 返し口から表に返し、外布の内側に内布を入れ、入れ口の際を1周縫う。

④ 革bの左右の端に目打ちなどで穴をあけ、縫いとめる。

⑤ レースひもの端をひと結びする。革cの左右の端に目打ちなどで穴をあけ、半分に折ってひもの結び目をはさんで縫いとめる。

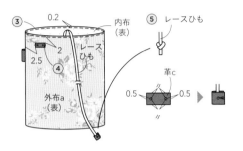

⑥ 返し口の縫い代を裏側に折り込み、際を縫う。

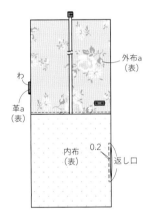

⑦ 入れ口側を折り、レースひもをひと巻きする。でき上がり。

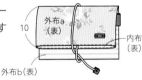

 ▶ 27ページ／実物大型紙A面

12 がま口ポーチ

難易度 ★ ★ ★ 手縫いOK

でき上がりサイズ 約10cm×8cm×マチ5cm

材料

綿麻（花柄）……………………………19cm×12cm
リネン（紫）……………………………16cm×14cm
コットン（花柄）………………………15.5cm×21cm
接着キルト芯……………………………28cm×13cm
リボン（好みのもの）………………幅2.5cm×3.5cm
がま口金（角形）……………………幅7.5cmを1個
紙ひも（がま口金に付属のもの）……………適量
足つきプレート（好みのもの）………………1個

裁ち方と寸法図

※単位はcm。
※接着キルト芯以外はそれぞれの裏側に型紙を使い、でき上がり線と指定の縫い代線を引く。それぞれ、縫い代線と裁ち切り線で裁つ。接着キルト芯は型紙を使い、でき上がり線を引いて裁つ。

綿麻（花柄）

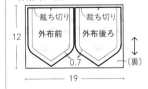

リネン（紫）

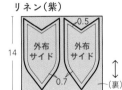

コットン（花柄）

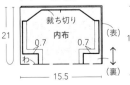

接着キルト芯

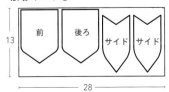

1 外袋を作る

① 外布前と後ろ、サイド2枚の裏側に、でき上がり線に合わせてそれぞれ接着キルト芯を貼る。

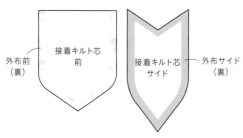

② 外布前の表側にリボンを半分に折って仮留めする。

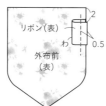

③ 外布前とサイド1枚を中表に合わせ、上端を0.5cm残してでき上がり線を縫う。

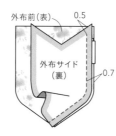

④ 外布後ろともう1枚のサイドを中表に合わせ、③と同様に縫う。

⑤ 外布後ろを中表に合わせ、底中央からそれぞれ上端0.5cm残してでき上がり線を縫う。

⑥ 外布サイドの上端のはみ出した部分を斜めにカットする。外袋ができる。

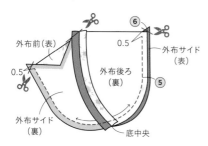

2 内袋を作る

① 内布を中表に合わせ、上端を0.5cm残して左右のでき上がり線を縫う。

② ①の縫い代を割り、はぎ目と底中央を合わせてマチを縫う。内袋ができる。

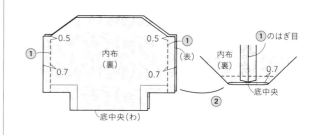

3 がま口金をつけて仕上げる

① 外袋を表に返し、内袋の中に中表になるように入れる。外袋のV字のくぼみ部分と、内袋のV字の両側の角に切り込みを入れ、V字の部分を縫い合わせる。

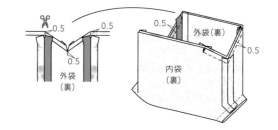

② 表に返し、入れ口を1周縫う。

③ がま口金をつける（P43「がま口金のつけ方」参照）。

④ プレートをつける位置に目打ちで穴をあけ、プレートの足を差し込み、内袋側で開いて固定する。でき上がり。

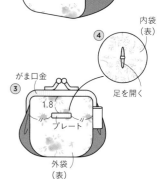

がま口金のつけ方

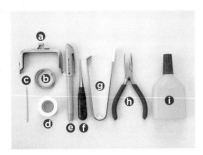

【用意するもの】
ⓐがま口金、ⓑ紙ひも、ⓒつまようじ、ⓓマスキングテープ、ⓔペン型チャコ、ⓕ目打ち、ⓖ差し込み器具、ⓗ平ペンチ、ⓘボンド、そのほかペンと当て布（余り布）適量

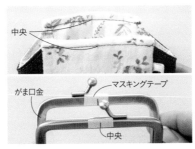

① 内袋と外袋の中央にペン型チャコで印をつける。さらにがま口金の表裏4か所にマスキングテープを貼って、ペンで中央の印をつける。

② がま口金の3辺に紙ひもを合わせて、それぞれの長さにカットする。これを2組作る。

Point はさむ布が厚いときは、紙ひもの太さを調整するとよい。紙ひもを広げてはさみでカットし、再びよって戻す。

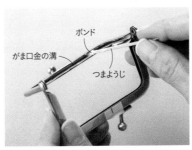

③ がま口金の片側の溝3辺に、ボンドをつまようじの尖っていない側でのばしながら入れる。

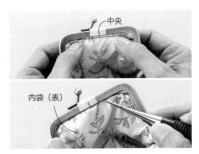

④ ①の中央の印に、内袋側から中央を合わせて差し込む。さらに、目打ちを使って、がま口金の奥まで差し込む。

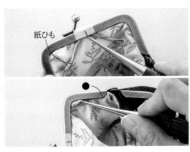

⑤ 紙ひもの中央を、がま口金の中央から左右に向かって目打ちで差し込む。両脇は、端（●）から角に向かって入れる。

⑥ 表側からも目打ちで形を整える。差し込み器具でさらにしっかり差し込む。がま口金の反対側も同様につける。

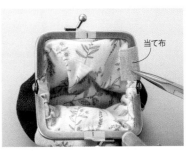

⑦ がま口金の端4か所を、それぞれ当て布ではさみ、平ペンチで軽くつぶして固定する。マスキングテープを取る。

part 3

お出かけグッズ

お気に入りのグッズと一緒なら、お出かけがもっと楽しくなるはず。
かわいいのに機能性も高い、すぐれものばかりです。

ペットボトルホルダー

サイドのひもを、リュックやバッ
グにつけて持ち歩けます。

▽

作り方…48ページ

保冷トートバッグ

お弁当や飲み物の持ち歩きにも、
内側の保冷シートがお役立ち。

▽

作り方…53ページ

保冷剤を入れて使っても

ポシェット

底部分にダーツを入れることで、
ふんわり柔らかいフォルムに。

▽

作り方…55ページ

大きめの内ポケットがう
れしい

後ろ側には、便利な外ポ
ケットつき

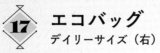

17 **エコバッグ**
デイリーサイズ（右）

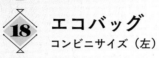

18 **エコバッグ**
コンビニサイズ（左）

買い物に欠かせないエコバッグは、
用途によって使い分けると便利。

▽

作り方…58ページ

ループつきで収納にも便
利＆たたむとコンパクト

How to Make

▶ 44ページ

14 ペットボトルホルダー

難易度 ★ ★ ☆

|材料|

綿麻キャンバス（ストライプ柄）………22cm×16cm
綿ローン（花柄）………………………4cm×16cm
カットワークレース（白）……………10cm×16cm
綿シーチング（白）……………………10cm×16cm
綿麻キャンバス（グレー）……………40cm×24cm
綿麻キルティング地（ベージュ）……30cm×10.5cm
保冷シート………………………………30cm×24cm
接着キルト芯……………………………30cm×15cm
タグ（好みのもの）………………幅1.3cm×4.5cm
Dカン…………………………………幅1cmを1個
コードひも（茶色）……………直径0.3cm×45cm
コードストッパー（こげ茶色）……幅1.7cm丸型を1個

|でき上がりサイズ|

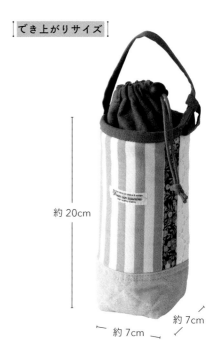

約20cm

約7cm

約7cm

|裁ち方と寸法図| ※単位はcm。

綿麻キャンバス（ストライプ柄）
16 ／ 外布a（裏）／ 22

綿ローン（花柄）
16 ／ 外布b（裏）／ 4

カットワークレース（白）
16 ／ 外布c（裏）／ 10

綿シーチング（白）
16 ／ 外布d（裏）／ 10

綿麻キャンバス（グレー）
24 ／ 20 巾着 （裏）／ 30 ／ 4 持ち手ひも ／ 40

綿麻キルティング地（ベージュ）
10.5 ／ 外布e（裏）／ 30

保冷シート
24 ／ 内布（裏）／ 30

接着キルト芯
15 ／ a ／ b ／ 21 ／ 9 ／ 30

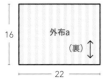
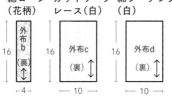
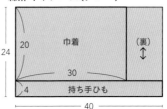

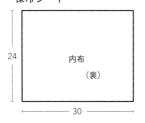
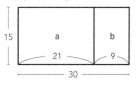
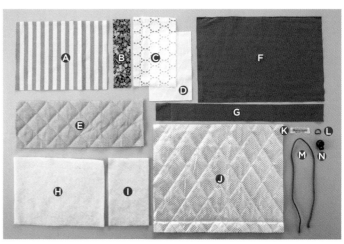

Ⓐ外布a、Ⓑ外布b、Ⓒ外布c、Ⓓ外布d、Ⓔ外布e、Ⓕ巾着、Ⓖ持ち手ひも、Ⓗ接着キルト芯a、
Ⓘ接着キルト芯b、Ⓙ内布、Ⓚタグ、ⒶDカン、Ⓜコードひも、Ⓝコードストッパー

作り方 ※単位はcm。

1 持ち手ひもを縫う

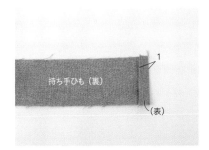

① 持ち手ひもの右端を裏側に折る。

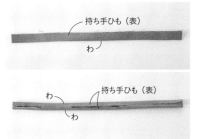

② 外表に半分に折ってから開き、折り筋まで上下の端を裏側に折る。

Point 短かいひもは縫いにくいので、まとめて縫ってから切り分けるとよい。

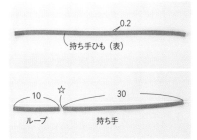

③ ②を上下半分に折り、端を縫う。持ち手と、ループに分けてカットする。

2 外袋を作る

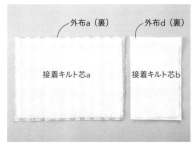

① 外布aとdの裏側の中央に、接着キルト芯aとbをそれぞれアイロンで貼る。

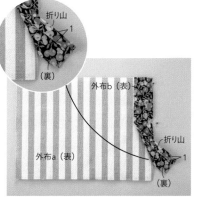

② 外布bの左端を1cm裏側に折ってから、外布aの表側の右端に合わせてまち針でとめる。

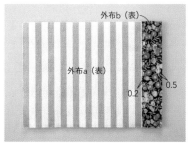

③ 外布bの折り山の際を縫う。さらに、右端を仮留めする。

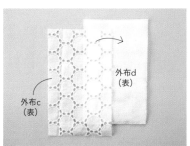

④ 外布dの表側に、外布cの表側を上にして重ねる。

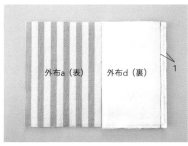

⑤ ③の右端に④を2枚重ねたまま中表に合わせて縫う。

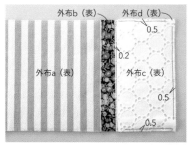

⑥ ⑤を開いて、外布cの上からはぎ目の際を縫う。さらに、外布cとdの右端と上下の端を仮留めする。

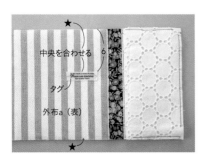

⑦ ⑥の左右の端を合わせ、上下の中央に印（★）を入れる（P10「中央の印を途中で入れる」参照）。中央の印とタグの中央を合わせて、上にのせる。

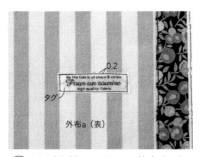

⑧ タグを縫いつける。外布上ができる（P13「タグを縫う」参照）。

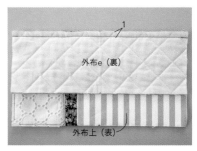

⑨ 外布上の下端に、外布eを中表に合わせて縫う。

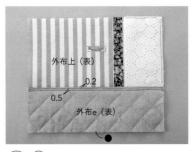

⑩ ⑨を開き、縫い代を外布e側に倒して、際を2本縫う。外布ができる。外布の下端に中央の印（●）を入れる。

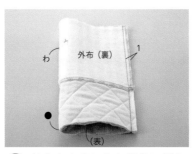

⑪ 外布を中表に左右半分に折り、端を縫う。

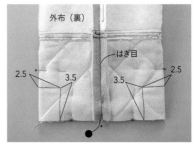

⑫ 縫い代を割り、はぎ目と中央の印（●）を合わせて両脇を折る。まち針でとめ、写真のようにペン型チャコで線を引く。

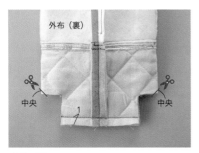

⑬ ⑫で引いた線でカットし、底を縫う。さらに折り山を少し斜めにカットして中央の印をつける。

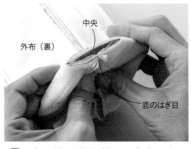

⑭ 底の縫い代を割り、中央の印と合わせてマチを作る。

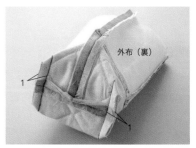

⑮ それぞれマチを縫う。外袋ができる。

3 内袋と巾着を作る

① 内布を **2**－⑪～⑮と同様に縫う。内袋ができる。

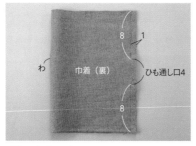

② 巾着を中表に半分に折り、ひも通し口を残して端を縫う。

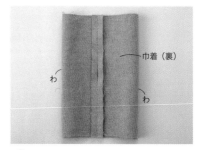

③ 縫い代を割る。

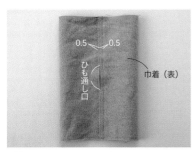

④ 表に返し、はぎ目の左右をそれぞれ縫う。

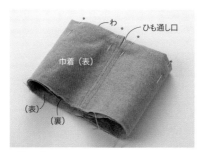

⑤ ④を外表に半分に折り、まち針でとめる。

⑥ ひも通し部分を1周縫う。脇から縫い始め、縫い終わりは縫い始めの縫い目に重ねる。

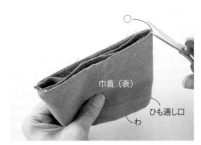

⑦ ⑥の上下を逆にしてはぎ目で半分に折り、反対側を少し斜めにカットして合印（○）をつける。

⑧ 下端を1周仮留めする。

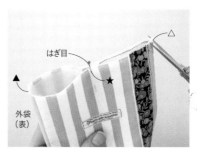

⑨ 外袋のはぎ目と中央の印（★）を合わせてまち針でとめ、両脇の端を少し斜めにカットして合印（▲と△）をつける。内袋も同様に合印をつける。

４ 外袋、内袋、巾着を縫い合わせて仕上げる

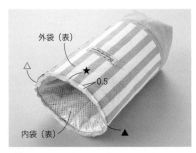

① 外袋の内側に内袋を外表になるように入れ、はぎ目と中央の印（★）、合印（▲と△）をそれぞれ合わせて1周仮留めする。

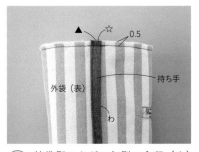

② 外袋側のタグの左側の合印（▲）に、持ち手の☆側の幅中央を合わせて仮留めする。

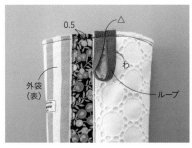

③ ②の反対側の合印（△）に、ループの端どうしを合わせて仮留めする。

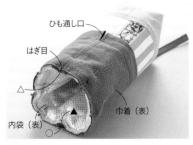

④ 外袋の合印（▲と△）に巾着のはぎ目と中央の印（○）をそれぞれ合わせて重ね、まち針でとめる。

⑤ 1周縫う（**３**－⑥参照）。

⑥ 巾着を起こし、⑤の縫い代はそのままにして内袋側に折り込み、内側に折り込んだ巾着ごと際を1周縫う。

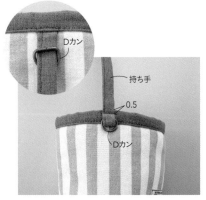

⑦ 持ち手を起こし、Dカンを通して縫いとめる。

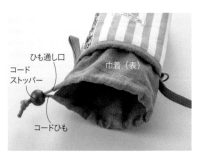

⑧ ひも通し口からコードひもを1周通し、2本一緒にコードストッパーに通して結ぶ。

⑨ でき上がり。

How to Make

▶ 45ページ

15 保冷トートバッグ

難易度 ★ ★ ☆

でき上がりサイズ

約20cm×19cm×マチ10cm
（持ち手含まず）

材料

リネン（花柄）……………………32cm×38cm
リネン（紺）………………………52cm×32cm
リネン（ストライプ柄）……………64cm×30cm
保冷シート…………………………32cm×50cm
接着芯（薄手）……………………32cm×54cm
リボン（好みのもの）………………幅2.2cm×5cm
サテンリボン（黒）…………幅0.5cm×75cmを２本

裁ち方と寸法図
※単位はcm。
※本体と口布の裏側に同じサイズの接着芯を貼る。
本体、保冷シートの左右をそれぞれ切り落とす。

リネン（花柄）

リネン（紺）
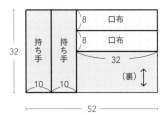

リネン（ストライプ柄）
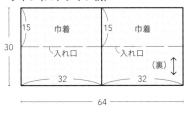

保冷シート
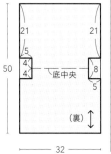

作り方 ※単位はcm。

1 持ち手を縫う

持ち手2枚の上下を裏側に折る。さらに半分に折って、上下の際を縫う。

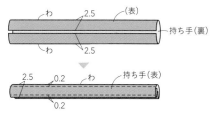

2 外袋と内袋を作る

① 本体の上下と口布をそれぞれ中表に合わせて縫う。

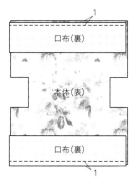

② ①を開き、縫い代を口布側に倒し、口布の際を縫う。

③ リボンを半分に折り、仮留めする。

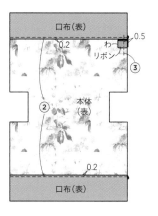

④ ③を中表に半分に折り、両脇を縫う。

⑤ 縫い代を割り、はぎ目と底中央を合わせてマチを縫う。反対側のマチも同様に縫う。外袋ができる。

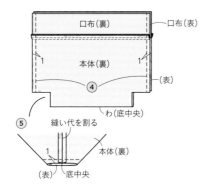

口布(裏)　口布(表)
本体(裏)
1　1
(表)
④
わ(底中央)
⑤
縫い代を割る
1
本体(裏)
(表)　底中央

⑥ 保冷シートを、④、⑤と同様に縫う。内袋ができる。

❸ 巾着を作る

① 巾着2枚を中表に合わせ、中央にひも通し口を残して両脇を縫う。

1　13　巾着(裏)　13　1
2ひも通し口　ひも通し口2
2ひも通し口　ひも通し口2　中央
13　13

② 縫い代を割り、はぎ目の際をそれぞれ縫う。

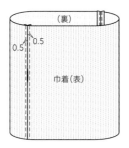

(裏)
0.5　0.5
巾着(表)

③ ②を外表に半分に折り、ひも通し部分を1周縫う。さらに下端を1周仮留めする。

④ 巾着のはぎ目どうしを合わせ、下端にそれぞれ中央の印をつける。

2　わ(入れ口)
巾着(表)　③
0.5
(裏)　中央
④

❹ 仕上げる

① 外袋を表に返して、持ち手2本を仮留めする。

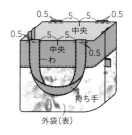

0.5　5　5　0.5
中央
0.5　5
中央
わ　0.5
持ち手
外袋(表)

② 外袋の中に内袋を外表になるように入れ、両脇のはぎ目と中央の印どうしをそれぞれ合わせて1周仮留めする。

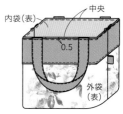

中央
内袋(表)
0.5
外袋(表)

③ ②に巾着を重ね、両脇のはぎ目と中央の印どうしそれぞれを合わせて1周縫う。

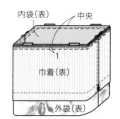

内袋(表)　中央
1
巾着(表)
外袋(表)

④ 巾着を縫い代ごと内袋側に入れ、③の縫い代を包むように1周ずつ2本縫う。

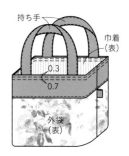

持ち手
巾着(表)
0.3
0.7
外袋(表)

⑤ 巾着を起こし、ひも通し口からサテンリボンをそれぞれ1周通し、端どうしを結ぶ。でき上がり。

サテンリボン　サテンリボン
巾着(表)
外袋(表)

How to Make

▶ 46ページ／実物大型紙A面

⟨16⟩ ポシェット

難易度 ★ ★ ★

でき上がりサイズ

約24cm×16cm
（ショルダーひも含まず）

材料

綿麻（花柄）··························	31cm×19cm
リネン（マスタード）················	46cm×19cm
綿（プリント柄）····················	72cm×40cm
接着キルト芯·······················	52cm×18cm
レーステープ（生成り）············	幅2.5cm×17cm
タグ（好みのもの）·················	幅1cm×3.5cm
リボン（好みのもの）···············	幅2.3cm×4cm
布テープ（好みのもの）···	幅1.2cm×5cmを2本
Dカン····························	幅1cmを2個
ショルダーひも（ナスカンつき／茶色）	
································	幅0.6cmを1本
マグネットボタン··············	直径1.4cmを1組

裁ち方と寸法図

※単位はcm。
※型紙を使って、指定の縫い代をつけて線を引き、内布と内ポケットには中央の印をつける。外ポケットaとb、内ポケットは表側に、外布a、b、内布、接着キルト芯は裏側にダーツの印をつけて裁つ。接着キルト芯は、それぞれダーツ部分を切り落とす。

綿麻（花柄）　　　　　　　リネン（マスタード）

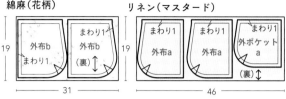

綿（プリント柄）

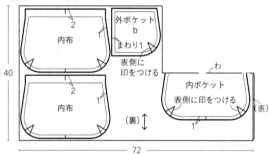

接着キルト芯

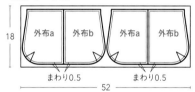

作り方 ※単位はcm。

⬛**1** 外ポケットを縫う

① 外ポケットaとbを中表に合わせ、上端を縫う。

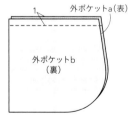

② 表に返し、はぎ目より外ポケットbを少しa側にずらし、際を縫う。

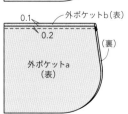

③ 外ポケットのダーツの印どうしを合わせて折り、2枚一緒に縫う。

④ ダーツを上側に倒す。

② 外袋を作る

① 外布aとbの裏側に、それぞれ接着キルト芯を貼る。

② 外布a1枚の表側に
レーステープを合
わせ、左右の際を
縫う。

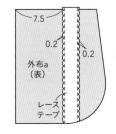

③ タグの左右の端を
裏側に折り込み、外
布aに縫いつける。

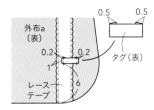

④ 外布aのダーツの
印どうしを合わせ
て中表に折り、
ダーツを縫う。

⑤ ④と同様に、残りの外布a1枚と外布b2枚のダーツを
縫う。

⑥ ⑤で縫った外布a
のダーツを下側に
倒し、表側に外ポ
ケットを合わせ
て、仮留めする。

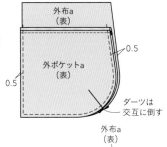

⑦ 外布b1枚のダーツ
を上側に倒し、⑥
を中表に合わせ
て、縫い合わせる。

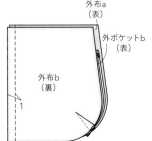

⑧ ⑦を開いて縫い代を外布b側に倒して、はぎ目の際を
縫う。

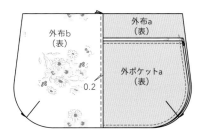

⑨ 残りの外布aとbを⑦、⑧と同様に縫う。ダーツは下側
に倒す。

⑩ リボンを半分に折り、⑨の外布aの表側に仮留めする。

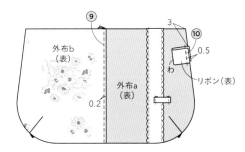

⑪ ⑧と⑩を中表に合わせて縫う。カーブの縫い代に縫い
目の際まで切り込みを入れ、表に返す。

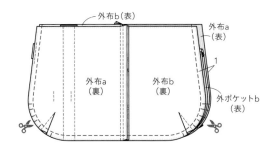

⑫ 布テープを半分に折ってDカン1個を通し、外布bの表
側の上端にそれぞれ仮留めする。外袋ができる。

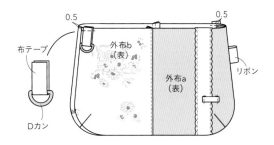

3 内袋を作る

① 内ポケットを外表に半分に折り、ポケット口（わ）を折って縫う。

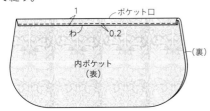

② 内ポケットの左右のダーツの印どうしを合わせて折り、2枚一緒にそれぞれ縫う（**1**–③参照）。ダーツは下側に倒す。

③ 内布2枚のダーツを縫う（**2**–④参照）。

④ 内布1枚のダーツを上側に倒して表側に内ポケットを合わせて、仮留めする。さらに、中央の仕切りをコの字に縫う。

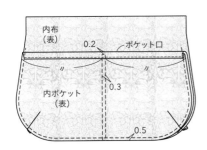

⑤ もう1枚の内布のダーツを上側に倒し、④と中表に合わせる。返し口に切り込みを入れ、切り込みを入れた縫い代をよけて縫う（P81 **26** 作り方 **3**–③〜⑤参照）。カーブの縫い代に縫い目の際まで切り込みを入れる。内袋ができる。

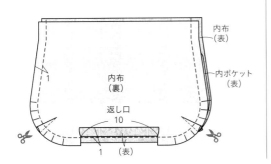

4 外袋と内袋を縫い合わせて仕上げる

① 外袋と内袋の縫い代を割り、アイロンで押さえる。内袋の中に外袋を入れて中表に合わせ、入れ口を揃えて1周縫う。

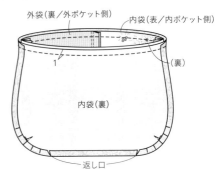

② 返し口から表に返す。縫い代はそのままにして、内袋を中に入れ、内袋のはぎ目の際を1周縫う。

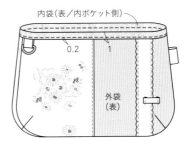

③ 布テープを起こして、それぞれ縫いとめる。

④ 返し口から手を入れ、マグネットボタンをつける（P93「マグネットボタンのつけ方」参照）。返し口をコの字縫いで閉じる（P13「返し口を閉じる」参照）。でき上がり。使うときは、Dカンにショルダーひものナスカンをつける。

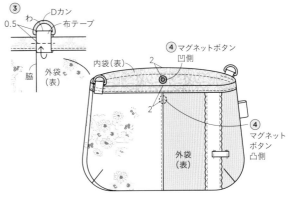

▶ 47ページ

 17 エコバッグ デイリーサイズ

 18 エコバッグ コンビニサイズ

難易度 ★ ☆ ☆

|でき上がりサイズ|

\<デイリーサイズ＞
約28cm×39cm×
マチ16.5cm
（持ち手含まず）

\<コンビニサイズ＞
約28cm×29cm×
マチ16.5cm
（持ち手含まず）

＜デイリーサイズ＞　＜コンビニサイズ＞

|材料|

\<デイリーサイズ＞
綿麻キャンバス（プリント柄）…………66cm×43cm
綿麻キャンバス（ピンク）………………83cm×43cm

\<コンビニサイズ＞
綿麻キャンバス（プリント柄）…………66cm×33cm
綿麻キャンバス（ターコイズ）…………83cm×33cm

|裁ち方と寸法図| ※単位はcm。〔 〕内の数字は＜コンビニサイズ＞。
※本体a、bに中央の印をつける。

綿麻キャンバス（プリント柄）

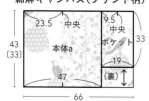

＜デイリーサイズ＞綿麻キャンバス（ピンク）
＜コンビニサイズ＞綿麻キャンバス（ターコイズ）

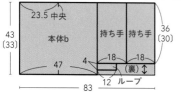

|作り方| ※単位はcm。

1 持ち手を縫う

① 持ち手1枚の上下を裏側に折る。さらに半分に折り、上下の際を縫う。

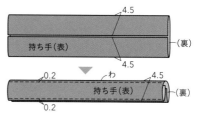

② もう1枚の持ち手も、①と同様に縫う。

---

2 ポケットを縫う

① ループの上下を裏側に折る。さらに半分に折り、際を縫う。

② ポケットを裏側に三つ折りにする。ループの端どうしを合わせて三つ折りにはさんで、ポケット口を縫う。

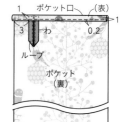

③ ポケットを外表に折り、左右の端を縫う。

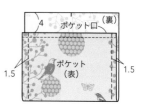

④ ③の縫い代の上側のみカットする。

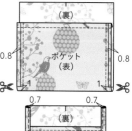

⑤ カットしていない面の縫い代を、それぞれ三つ折りにして包んで縫う（P93 ㉙作り方 **2**ー④〜⑥参照）。こちらが表側になる。

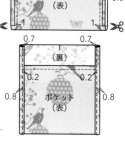

3 本体を縫って仕上げる

① 本体aとbを外表に合わせ、左右の端を縫う。

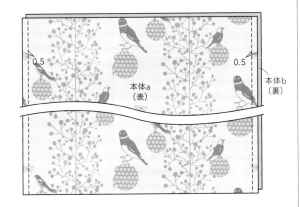

② ①を裏返して中表に合わせ、①の縫い代を包むように左右の端を縫う。本体aとbの上下に印(◆、★)をつける。

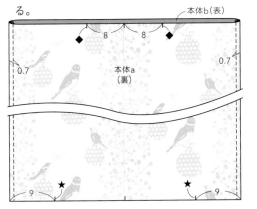

③ ②を表に返し、本体aとbを②でつけた印(★)で折ってマチを作り、下端を縫う。

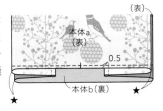

④ ③を裏返して中表に合わせ、③の縫い代を包むように下端を縫う。

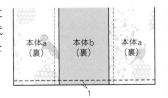

⑤ 入れ口を広げて左右の縫い代に切り込みを入れ、縫い代を倒す。

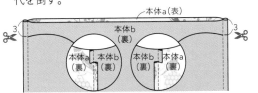

⑥ 入れ口を三つ折りにし、アイロンで折り筋をつける。

⑦ 表に返して折り目を開き、本体bの表側にポケットと持ち手をそれぞれ折り筋で仮留めする。持ち手の反対側の端を本体a側の印(◆)に仮留めする。

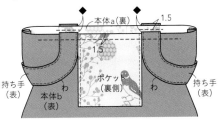

⑧ 再び裏返し、入れ口を折り筋通りに折って持ち手とポケットを包み、1周縫う。

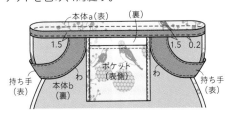

⑨ 表に返して持ち手を起こし、入れ口の際を1周縫う。

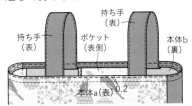

⑩ 形を整える。でき上がり。

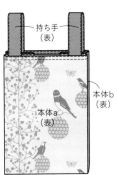

part **4**

キッチングッズ

使いやすさはもちろん、置いてあるだけで楽しくなる、
そんなグッズを集めました。明るい布使いがポイントです。

19

テトラ型鍋つかみ

鍋の持ち手やフタのツマミ部分に、
すっぽりかぶせて使います。

▽

作り方…64ページ

20 切り替えエプロン
大人用（右）

21 切り替えエプロン
子ども用（左）

個性的なプリント柄に、まったく違う
色のひもを組み合わせてアクセントに。

▽

作り方…67ページ

22

23

ランチョン
マット

コースター

お揃いで使えば、食事やお茶の時
間がより楽しくなるはず。

▽

作り方…70ページ

裏面はキルティング地
の上下のポケット

㉔

4枚はぎの
鍋つかみ

反対側の面から手を入れて使うタ
イプです。布合わせを楽しんで。

▽

作り方…72ページ

㉕

キッチンミトン

スタンダードなミトンは、両手分
作っておくとさらに便利です。

▽

作り方…74ページ

19 ▶ 60ページ／実物大型紙A面

テトラ型鍋つかみ

難易度 ★ ★ ☆　手縫いOK

でき上がりサイズ

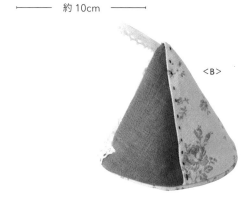

約10cm

約10cm

<A>

<B>

材料

<A>
リネン（ピーコックブルー）················23cm×15cm
綿麻キャンバス（チェック柄）············12cm×15cm
<B>
綿麻キャンバス（花柄）····················23cm×15cm
リネン（ピーコックブルー）················12cm×15cm
<共通>
綿麻キルティング地（花柄）···············26cm×15cm
接着キルト芯·································25cm×14cm
レーステープa（生成り）··············幅0.8cm×10cm
レーステープb（生成り）··············幅1.5cm×5cm

裁ち方と寸法図　※単位はcm。
※それぞれ型紙を使い、指定の縫い代をつけて線を引いて裁つ。

<A>リネン（ピーコックブルー）
<B>綿麻キャンバス（花柄）

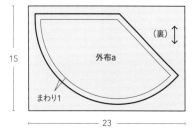

15

外布a

まわり1

（裏）

23

<A>綿麻キャンバス（チェック柄）
<B>リネン（ピーコックブルー）

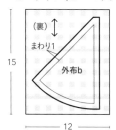

15

（裏）

まわり1

外布b

12

綿麻キルティング地（花柄）

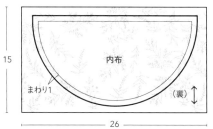

15

内布

まわり1

（裏）

26

接着キルト芯

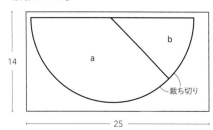

14

a

b

裁ち切り

25

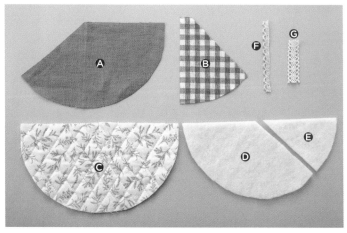

Ⓐ外布a、Ⓑ外布b、Ⓒ内布、Ⓓ接着キルト芯a、Ⓔ接着キルト芯b、Ⓕレーステープa、Ⓖレーステープb

作り方 ※単位はcm。

1 外布を作る

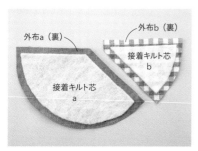

① 外布aとbの裏側に、接着キルト芯aとbをそれぞれアイロンで貼る。

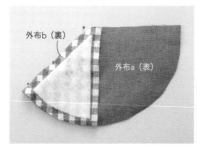

② 外布aとbを中表に合わせ、まち針でとめる。

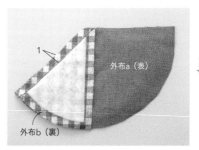

③ 端から端まで縫う。

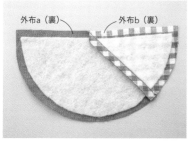

④ 縫い代を外布a側に倒す。

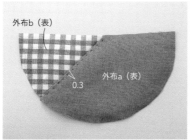

⑤ 表側から好みの色の手縫い糸1本取りで、はぎ目に沿って外布aを並縫いでステッチする。

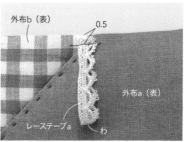

⑥ レーステープaを半分に折り、上端の外布aとbのはぎ目に仮留めする。外布ができる。

2 外布と内布を縫い合わせる

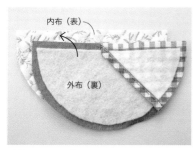

① 外布と内布を中表に合わせて重ねる。

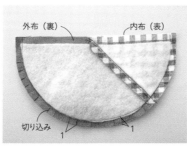

② カーブの辺を縫い、縫い代に1cm間隔で縫い目の際まで切り込みを入れる。

Point カーブの辺は切り込みを入れると、表に返したとき仕上がりがキレイ。

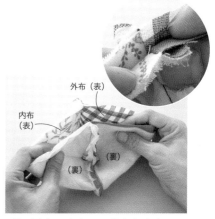

③ 写真のように、外布と内布のはぎ目どうしを合わせて縫い代を交互に倒し、外布と内布それぞれを中表に合わせる。

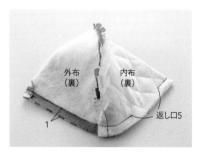

④ 内布に返し口を残して縫う。

⑤ 返し口から表に返す。

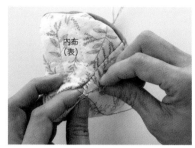

⑥ 返し口をコの字縫いで閉じる（P13「返し口を閉じる」参照）。

③ 飾りをつけて仕上げる

① レーステープbの中央を、内布のはぎ目に合わせて縫いつける。

② レーステープbの端を裏側に折り、折り山を外布側の①の縫い目に重ねる。

③ レーステープbの折り山の際を縫う。

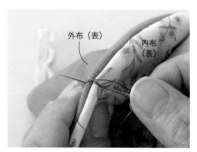

④ 縫いつけたレーステープbの反対側の縁に、手縫い糸1本取りで糸を外布側から内布側まで同じ位置に針を数回通して、ステッチする。

⑤ ステッチができたところ。

⑥ でき上がり。

How to Make

▶ 61ページ

⧫20 切り替えエプロン　大人用

⧫21 切り替えエプロン　子ども用

難易度 ★ ★ ☆

<大人用>

<子ども用>

| 裁ち方と寸法図 | ※単位はcm。
※見返しの裏側に接着芯を貼る。 |

<大人用>綿麻キャンバス（プリント柄）

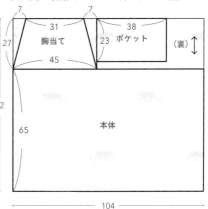

綿麻キャンバス（ターコイズ）

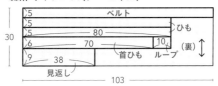

<子ども用>綿麻キャンバス（プリント柄）

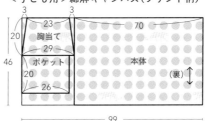

綿麻キャンバス（赤）

| でき上がりサイズ |

<大人用>約100cm×86cm（首ひも、ひも含まず）
<子ども用>約66cm×60cm（首ひも、ひも含まず）

| 材料 |

<大人用>
綿麻キャンバス（プリント柄）…………104cm×92cm
綿麻キャンバス（ターコイズ）…………103cm×30cm
タブ（好みのもの）………幅1.5cm×5cm（開いた状態）
接着芯（薄手）……………………………38cm×9cm
<子ども用>
綿麻キャンバス（プリント柄）…………99cm×46cm
綿麻キャンバス（赤）……………………69cm×29.5cm
タブ（好みのもの）………幅1.5cm×5cm（開いた状態）
接着芯（薄手）……………………………30cm×9cm

| 作り方 | ※単位はcm。（　）内の数字は<子ども用>。

1 ひも、首ひも、ループを縫う

① ひもの右、上下の順に端を裏側に折り、さらに上下半分に折って2辺の際を縫う（P49 ⑭ 作り方 **1** 参照）。

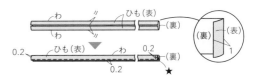

② 首ひもも①と同様に縫う。

③ ループは上下の端を裏側に折り、さらに上下半分に折って際を縫う。

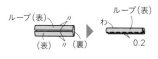

---

② 胸当てを縫う

① 見返しに胸当てを、上端を揃えて外表に合わせ、見返しの左右をカットする。

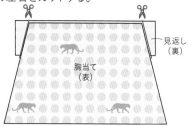

② 見返しの下端にジグザグミシンをかける。

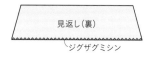

③ 見返しの下端を裏側に折って縫う。

④ 胸当ての表側の左上に首ひもを仮留めする。さらに、ループの端どうしを合わせて、右上に仮留めする。

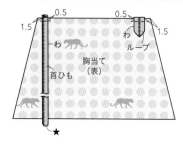

⑤ 胸当てに見返しを中表に合わせて縫う。

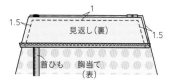

⑥ 胸当ての左右の縫い代に切り込みを入れる。

⑦ 胸当ての左右の縫い代を裏側に折り、さらに切り込みから下の縫い代を三つ折りにする。見返しの角を斜めにカットする。

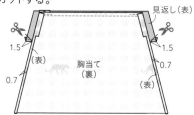

⑧ 見返しを表に返し、胸当ての3辺を縫う。

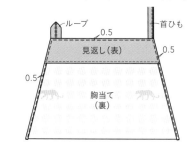

---

③ 胸当てと本体を縫い合わせる

① ベルトの左右の端を裏側に折り、さらに上下の端を折ってアイロンで押さえ、折り目をつける。

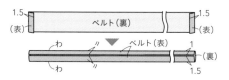

② 本体の左右の端を、それぞれ裏側に三つ折りにして際を縫う。

③ 本体の下端を三つ折りにして際を縫う。

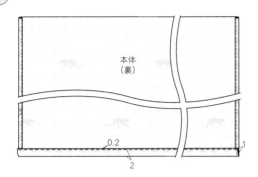

④ 本体と胸当てを外表に中央を合わせ、端を仮留めする。ベルトの上下の折り山を開き、胸当てに対して中表に合わせ、ベルトの折り山の上を縫う。

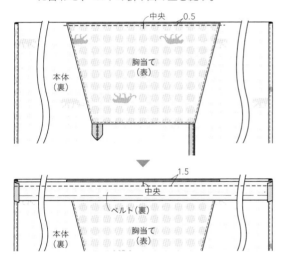

⑤ 胸当てを起こす。ベルトの折り山を戻してアイロンで整え、上下の際を縫う。

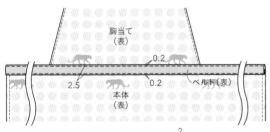

⑥ ベルトの左右にひもを差し入れ、ベルトの上から2本縫う。

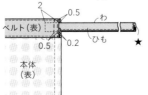

④ ポケットをつけて仕上げる

① ポケットの左右の端をそれぞれ裏側に三つ折りにして際を縫う。

② ポケットのポケット口を裏側に三つ折りにして際を縫う。

③ ポケットの下端を裏側に三つ折りにして際を縫う。

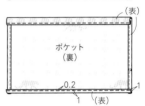

④ 本体の中央とポケットの中央を合わせて重ね、タブを半分に折ってはさみ、3辺の際を縫う。

⑤ ポケットの中央に仕切りを四角く縫う。

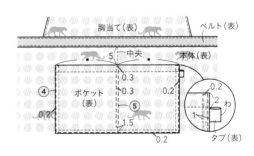

⑥ ループに首ひもを通し、ひと結びする。でき上がり。着丈や脇の長さを調整すれば、自分サイズに仕上がる。

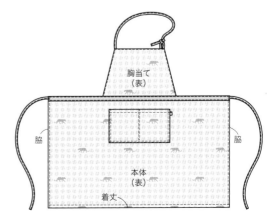

 *How to Make*

▶ 62ページ

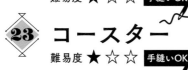

22 ランチョンマット

難易度 ★ ☆ ☆ 手縫いOK

23 コースター

難易度 ★ ☆ ☆ 手縫いOK

| 裁ち方と寸法図 | ※単位はcm。〔 〕内の数字は＜コースター＞。 |

綿麻（花柄）

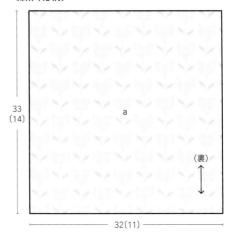

33
(14)

32(11)

a
(裏)

＜ランチョンマット＞

＜コースター＞

デニム（ヒッコリー）

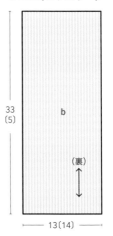

33
(5)

b
(裏)

13(14)

でき上がりサイズ

＜ランチョンマット＞約41cm×31cm
＜コースター＞約12cm×12cm

材料

＜ランチョンマット＞
綿麻（花柄）……………………………32cm×33cm
デニム（ヒッコリー）……………………13cm×33cm
綿麻（チェック柄）………………………43cm×33cm
タグ（好みのもの）……………………幅3.5cm×8.5cm
リボン（ストライプ柄）…………………幅0.8cm×5cm
＜コースター＞
綿麻（花柄）……………………………11cm×14cm
デニム（ヒッコリー）……………………14cm×5cm
綿麻（チェック柄）………………………14cm×14cm
タグ（好みのもの）……………………幅1cm×8.5cm
リボン（ストライプ柄）…………………幅0.8cm×5cm

綿麻（チェック柄）

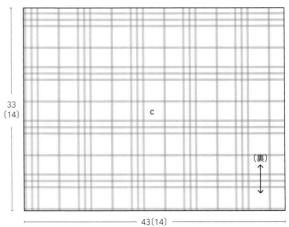

33
(14)

c
(裏)

43(14)

作り方 ※単位はcm。〔 〕内の数字は<コースター>。
※ランチョンマットで解説。

1 表布を作る

① 布aとbを中表に合わせて端を縫う。コースターは布b の布目の方向を横にして合わせる。

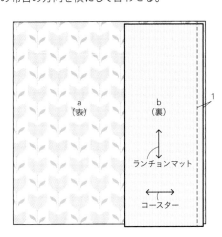

② 縫い代を布b側に倒し、表側から際を縫う。

③ 布bの表側にタグの端を合わせ、その上にリボンを半 分に折って合わせて仮留めする。

④ タグの反対側の端を裏側に折り、際を縫う。表布がで きる。

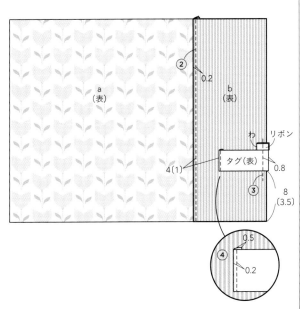

2 仕上げる

① 表布と布cを中表に合わせ、返し口を残して縫う。

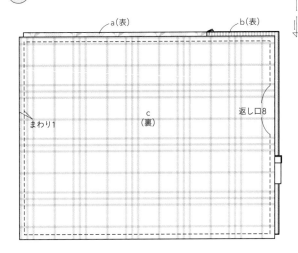

② 角を整え、返し口から表に返す。返し口の縫い代を裏 側に折り込み、際を縫う。でき上がり。

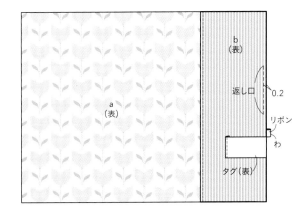

▶ 63ページ／実物大型紙A面

24

4枚はぎの鍋つかみ

難易度 ★ ★ ★ 手縫いOK

でき上がりサイズ

約15cm×20.5cm（ループ含まず）

材料

ハーフリネン（プリント柄）·················	10cm×13cm
リネン（チェック柄）·················	10cm×13cm
リネン（小花柄）·················	10cm×13cm
リネン（マスタード）·················	45cm×15cm
キルティング地（プリント柄）·········	37cm×25cm
接着キルト芯 ·················	18cm×24cm
布テープ（好みのもの）···············	幅1cm×10cm

裁ち方と寸法図

※単位はcm。※型紙を使って指定の縫い代をつけて線を引き、中央の印と布hには返し口の印をつけて裁つ。

ハーフリネン（プリント柄）

リネン（チェック柄）
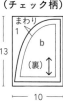

リネン（小花柄）

リネン（マスタード）
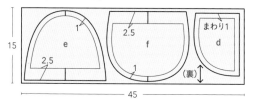

キルティング地（プリント柄）
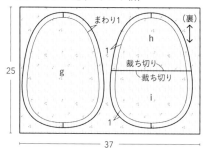

接着キルト芯
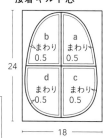

作り方 ※単位はcm。

1 表布を作る

① 布a、b、c、dそれぞれの裏側に接着キルト芯を貼る。

② 布aとcを中表に合わせて縫う。縫い代を割る。

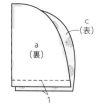

③ 布bとdも②と同様に縫う。縫い代を割る。

④ ②と③を中表に合わせて縫う。縫い代を割る。

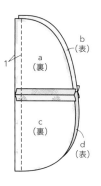

⑤ はぎ目の左右の際を
それぞれ縫う。表布
ができる。

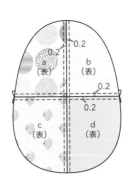

⑥ 表布の上端の中央
に、布テープを半分
に折って幅の中央を
合わせ、仮留めする。

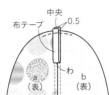

② パーツを縫い合わせて 仕上げる

① 布eとhを中表に合
わせて、端を縫う。

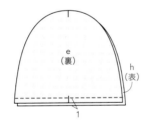

② 表に返し、縫い代を
つつみ、カーブの辺
を合わせてはぎ目の
際を縫う。

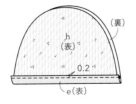

③ 布fとiも、①、②と同
様に縫う。

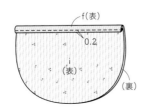

④ 表布に②と③を図
のように合わせ、1
周仮留めする。

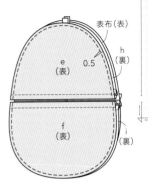

⑤ 布gの返し口の縫い
代に切り込みを入れ
る。④に布gを中表
に合わせ、返し口の
縫い代をよけて1周
縫う。

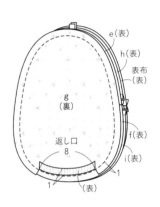

⑥ 返し口から表に返
し、返し口をコの字
縫いで閉じる(P13
「返し口を閉じる」参
照)。

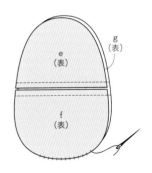

⑦ 表布が外側になるよ
うに返し、形を整え
る。でき上がり。

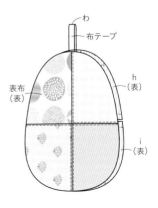

How to Make

▶ 63ページ／実物大型紙B面

㉕

キッチンミトン

難易度 ★ ★ ☆ 　手縫いOK

でき上がりサイズ

約16cm×26cm（ループ含まず）

材料（2個分）

キルティング地（花柄）……………………80cm×30cm
キルティング地（小花柄）…………………80cm×30cm
綿麻（えんじ色）………………………………40cm×13cm
タグ（好みのもの）………………………幅1.4cm×4.5cm

裁ち方と寸法図

※単位はcm。
※左右外布a、b、左右内布a、bは型紙を使って指定の縫い代をつけて線を引き、
　縫い代線と裁ち切り線で裁つ。

キルティング地（花柄）
キルティング地（小花柄）

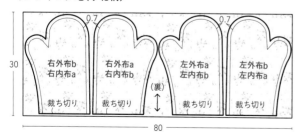

綿麻（えんじ色）

作り方 ※単位はcm。

1 ループを縫う

ループの上下を裏側に折り、さらに半分に折って縫う。

 ▶

---

2 外布、内布、縁布を 縫い合わせる

① 右外布aと縁布1枚を中表に合わせて端を縫う。縫い代は縁布側に倒す。

② ①と右内布aを、縁布の反対側の端を中表に合わせて縫う。縫い代は縁布側に倒す。

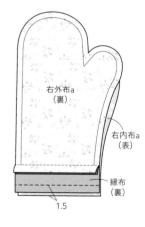

③ 右外布b、縁布1枚、右内布bも、①、②と同様に縫う。縫い代はそれぞれ縁布側に倒す。

④ ②と③をそれぞれ開き、縁布の上下の際を縫う。

⑤ ループを半分に折り、右外布aの表側の右端に合わせる。さらにタグも合わせて仮留めする。タグの反対側の端を裏側に折って縫いつける。

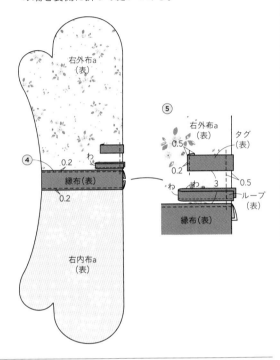

③ カーブ部分の縫い代に、1cm間隔で縫い目の際まで切り込みを入れる。

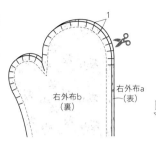

④ 縁布の両脇の縫い代をアイロンで割り、返し口から表に返す。

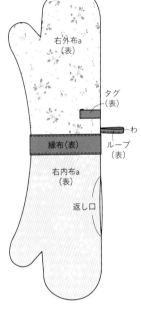

3 仕上げる

① 右外布aとb、右内布aとbをそれぞれ中表に合わせる。指のくぼみ部分に、それぞれ切り込みを入れる。

② 返し口を残して端を縫う。

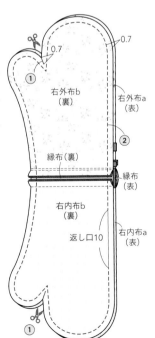

⑤ 右外布の内側に右内布を入れる。右外布b側の縁布の左右の端を縫いとめる。返し口をコの字縫いで閉じる（P13「返し口を閉じる」参照）。右手用のでき上がり。同じ要領で左手用を作る。ただし、タグはつけない。

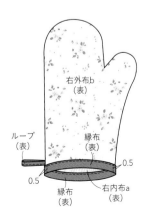

part 5

リビンググッズ

部屋でのリラックスタイムにぴったりなアイテムです。
インテリアに合わせて布を選んで、コーディネートを楽しみましょう。

ルームシューズ

足をやさしく包み込んでくれる、
ソフトな履き心地がうれしい。

▽

作り方…79ページ

27

ボックスティッシュカバー

箱なしの簡易パッケージや、薄型
ボックスにぴったりのサイズです。

▽

作り方…84ページ

28

クッションカバー

季節に合わせて、布の素材や色味
を変えて楽しみましょう。

▽

作り方…86ページ

How to Make

▶ 76ページ／実物大型紙B面

㉖ ルームシューズ

難易度 ★★★ 手縫いOK

材料

\<A\>
綿麻キャンバス（小花柄）·····················50cm×30cm
リネン（ベージュ）······························75cm×30cm
\<B\>
リネン（ベージュ）······························50cm×30cm
コットン（プリント柄）·························75cm×30cm
\<共通\>
綿麻キルティング地（ベージュ）·········30cm×30cm
接着キルト芯······································70cm×30cm
布テープ（好みのもの）·············幅1cm×6cmを2本
革テープ（1mm厚／茶色）·······幅1.3cm×5cmを2枚
カシメ·······································中／8mm足を2組

でき上がりサイズ

\<A\>

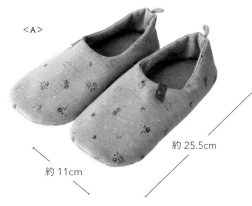

約 25.5cm
約 11cm

\<B\>

裁ち方と寸法図 ※単位はcm。
※それぞれ型紙を使い、指定の縫い代をつけて線を引き、中央の印をつけて裁つ。

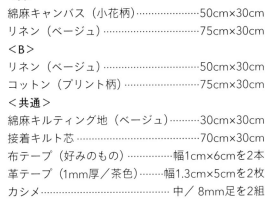

\<A\>綿麻キャンバス（小花柄） \<A\>リネン（ベージュ）
\<B\>リネン（ベージュ） \<B\>コットン（プリント柄） 接着キルト芯

外側面 まわり1 （裏）
内側面 内底 内側面 まわり1
50 75

底 底 側面 側面 まわり0.5 まわり0.5
70

綿麻キルティング地（ベージュ）

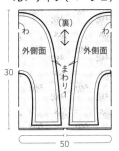

外底 外底 まわり1 （裏）
30

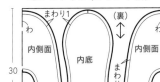

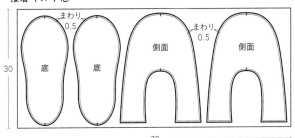

Ⓐ外側面2枚、Ⓑ内側面2枚、Ⓒ内底2枚、
Ⓓ外底2枚、Ⓔ接着キルト芯側面2枚、
Ⓕ接着キルト芯底2枚、Ⓖ布テープ2本、
Ⓗ革テープ2枚、Ⓘカシメ2組
※写真は片足分。

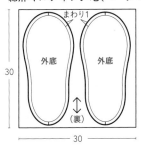

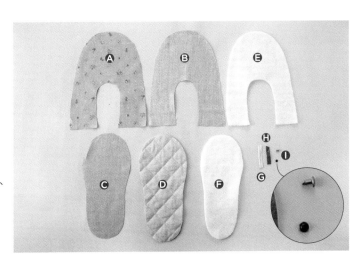

作り方 ※単位はcm。

1 側面を縫う

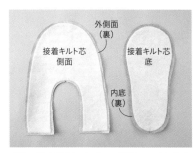

① 外側面と内底の裏側に、接着キルト芯側面と底をそれぞれアイロンで貼る。

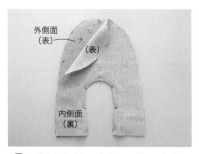

② 外側面1枚と内側面1枚を中表に合わせ、内側のカーブの辺をまち針でとめる。

③ 内側のカーブの辺を縫う。

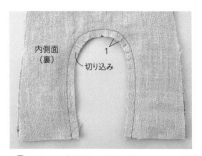

④ カーブ部分の縫い代に、1cm間隔で縫い目の際まで切り込みを入れる。

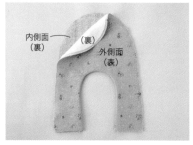

⑤ 表に返し、アイロンで形を整える。

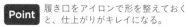

Point 履き口をアイロンで形を整えておくと、仕上がりがキレイになる。

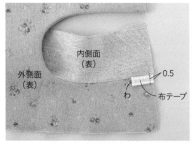

⑥ 外側面と内側面を開く。縫い代を内側面側に倒し、外側面に布テープ1枚を外表に半分に折って仮留めする。

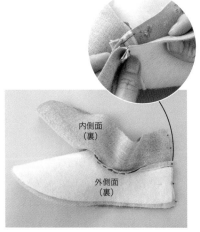

⑦ ⑥を中表に重ね、はぎ目どうしを合わせる。⑥と反対側の縫い代は外側面側に倒し、まち針でとめる。

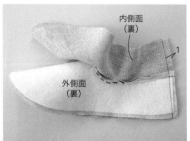

⑧ 端から端を縫う。

⑨ 表に返し、形を整える。

② 外底を仮留めする

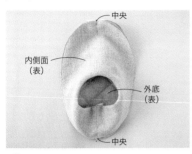

① 内側面が上になるように返す。外側面と内側面の中央と、はぎ目を、外底の表側の上下中央と合わせ、まち針でとめる。

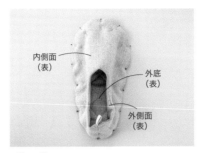

② ①のまち針の間を、さらにまち針でとめる。

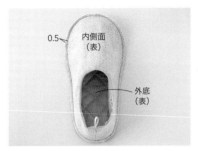

③ 1周縫って、仮留めする。

---

③ 内底を合わせて縫う

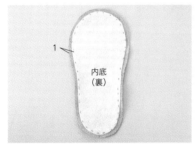

① 内底の裏側に、ペン型チャコで端から1cm内側にぐるりと1周印をつける。

Point カーブの辺を縫うときは、縫う位置に印をつけるとキレイに縫える。

② 内側面に内底の表側を合わせて重ね、上下中央を合わせてまち針でとめる。さらに、間をまち針でとめる。

③ 先端の縫い代に、返し口の切り込みを2か所入れる。返し口は大きめに作るとよい。

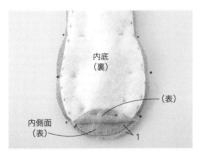

④ 返し口の縫い代をめくり、まち針でとめる。めくった部分の内側面に、端から1cm内側に印をつける。

⑤ ぐるりと1周縫う。

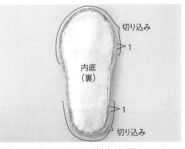

⑥ めくっていた内底を戻し、カーブの縫い代に、1cm間隔で縫い目の際まで切り込みを入れる。

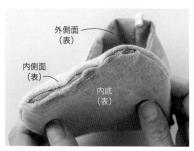

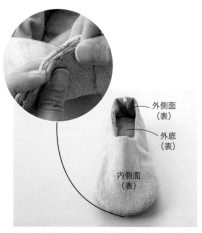

⑦ 返し口から、内側面が表側になるように返す。

⑧ 返し口の縫い代を内側に折り込み、まち針でとめる。

⑨ 返し口をコの字縫いで閉じる（P13「返し口を閉じる」参照）。

④ 飾りをつけて仕上げる

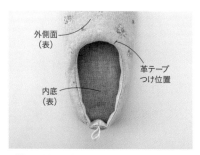

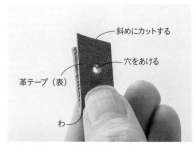

① 外側面が表側になるように返し、形を整える。

② 型紙を参照して、外側面の表側にペン型チャコで革テープつけ位置の印をつける。

③ 革テープの片端を斜めにカットする。外表に半分に折り、2枚一緒に穴をあける。

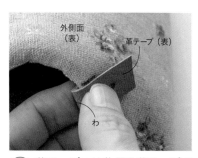

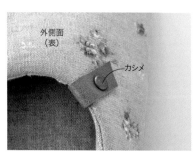

④ 革テープつけ位置を革テープではさむ。

⑤ カシメでとめる（P83「カシメのつけ方」参照）。

⑥ もう片足分も同様に作り、革テープを対称の位置にとめる。でき上がり。

カシメのつけ方

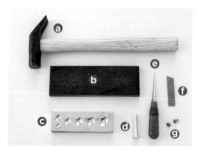

【用意するもの】
ⓐ金づち、ⓑゴム板、ⓒ打ち台、ⓓ打ち棒、ⓔ目打ち、ⓕ革テープ（穴をあけておく）、ⓖカシメ（右／オス側、左／メス側）

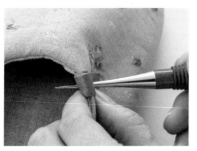

① カシメをつけたい部分を革テープではさみ、革テープの穴に表側から目打ちで穴をあける。

② 裏側からも、同様に目打ちで穴をあける。

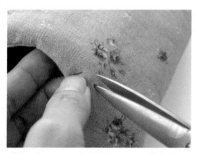

③ 穴をあけた部分の布の織糸をはさみで切る。

④ 穴の裏側から、カシメのオス側（足の長い方）の足を差し込む。

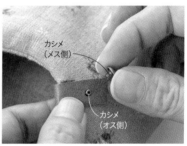

⑤ 表側からメス側（ふた）をかぶせる。

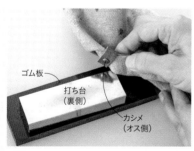

⑥ ゴム板の上に打ち台の裏側を上にしてのせ、穴の裏側（カシメのオス側）を当ててのせる。

⑦ ふた（カシメのメス側）に打ち棒を合わせ、打ち棒を垂直にして上から金づちでたたく。

⑧ カシメがついたところ。

▶ 77ページ

27 ボックスティッシュ カバー

難易度 ★ ☆ ☆　　手縫いOK

でき上がりサイズ

約16.5cm×32cm
（ひも含まず）

材料

ハーフリネン（花柄）………………………25cm×35cm
リネン（黄色）…………………………………32cm×35cm
モチーフレース（好みのもの）…………………1枚

裁ち方と寸法図　※単位はcm。

ハーフリネン（花柄）　　　　リネン（黄色）

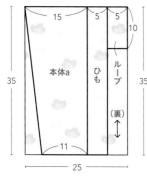

作り方　※単位はcm。

1 ひもとループを縫う

① ひもの片側の端を裏側に折ってから、上下の端を折る。さらに半分に折り、際をコの字に縫う。

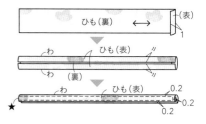

② ループの上下の端を裏側に折り、さらに半分に折って上下の際を縫う。

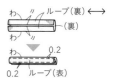

---

2 本体を縫う

① 本体aの斜めの辺を裏側に三つ折りにして、入れ口を縫う。布端からはみ出した部分はカットする。

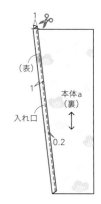

② 本体bの右端を裏側に三つ折りにして、入れ口を縫う。

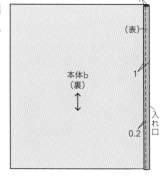

③ 本体aとbを外表に合わせて端を縫う。

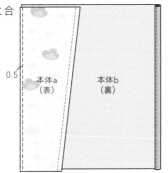

⑦ ⑥をひっくり返し、ひもとループを本体bに合わせ、上端を縫う。

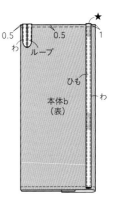

④ ③を中表に合わせ直して、③の縫い代を包むように縫う。

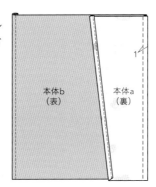

⑧ ⑦を入れ口から裏返して、⑥と⑦の縫い代を包むように上下の端を縫う。

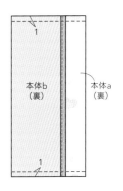

⑤ 本体bの入れ口側を外表に折る。

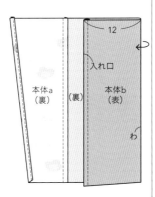

<h3>3 飾りをつけて仕上げる</h3>

① 表に返し、モチーフレースを好みの位置に縫いつける。

② ループにひもを通し、ひと結びする。でき上がり。

⑥ 本体aを折り返して重ね、下端を縫う。

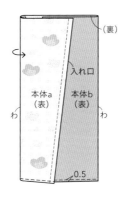

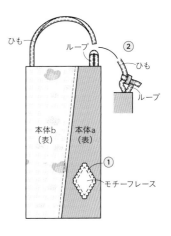

▶ 78ページ

28

クッションカバー

難易度 ★ ☆ ☆ 　手縫いOK

＜春夏用＞　　　　　＜秋冬用＞

でき上がりサイズ

約40cm×40cm

材料

＜春夏用＞
デニム（ヒッコリー）………………………… 42cm×23cm
リネン（刺しゅう花柄）……………………… 44cm×23cm
リネン（ベージュ）…………………………… 56cm×42cm
＜秋冬用＞
ウール混ネップツイード（ベージュ系）…… 79cm×44cm
ウール（チェック柄）………………………… 44cm×23cm

裁ち方と寸法図 ※単位はcm。

＜春夏用＞
デニム（ヒッコリー）

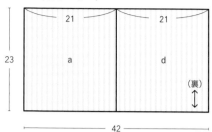

リネン（刺しゅう花柄）

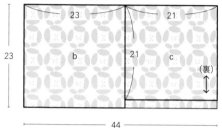

リネン（ベージュ）

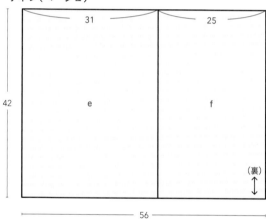

＜秋冬用＞
ウール混ネップツイード（ベージュ系）

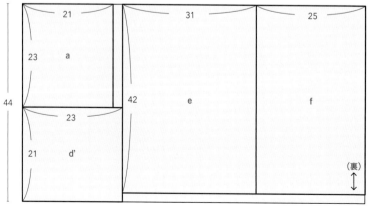

ウール（チェック柄）

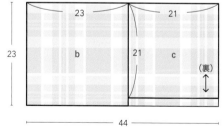

作り方 ※単位はcm。

1 表布を作る

① 布aとbを中表に合わせて縫う。縫い代に2枚一緒にジグザグミシンをかけ、b側に倒す。

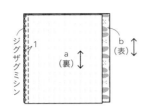

② 布cとd（またはd'）を中表に合わせて縫う。縫い代に2枚一緒にジグザグミシンをかけ、c側に倒す。

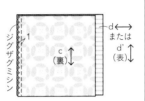

③ ①と②を中表に合わせて縫う。縫い代に2枚一緒にジグザグミシンをかける。

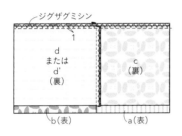

④ 縫い代を②側に倒す。表布ができる。

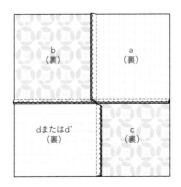

2 仕上げる

① 布eの右端を裏側に三つ折りにして、入れ口を縫う。

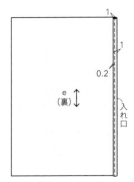

② 布fの左端を裏側に三つ折りにして、入れ口を縫う。

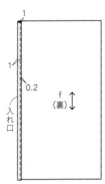

③ 表布の右端に揃えて布fを中表に合わせ、さらに左端に揃えて布eを中表に合わせ、1周縫う。縫い代に2枚（または3枚）一緒にジグザグミシンをかける。

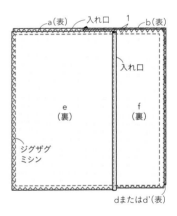

④ 表に返す。でき上がり。

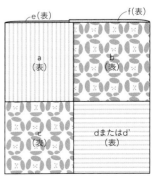

ソーインググッズ

縫い物や編み物など、いろいろなハンドメイドのシーンに、
あると便利なグッズをピックアップ。

スタンド型ソーイングケース

必要な道具をひとまとめにして収
納できて、持ち運びラクラク。

▽

作り方…91ページ

立てて入れられるので、
見やすく整理できます

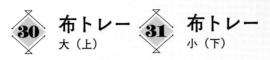

30 布トレー
大（上） **31** 布トレー
小（下）

材料入れにしても便利。お菓子入
れや小物の整理に使っても。

作り方…97ページ

ビスコーニュ

コロンとしたかわいいピンクッションは、いくつあってもうれしい。

作り方…99ページ

How to Make

▶ 88ページ

㉙

スタンド型
ソーイングケース

難易度 ★ ★ ☆

材料	
ラミネート（プリント柄）	57cm×30cm
ラミネート（リネン柄）	38cm×17cm
マグネットボタン	直径1.4cmを1組

でき上がりサイズ

約 15cm

約 8cm　約 8cm

裁ち方と寸法図　※単位はcm。
※フラップ、外ポケット、本体前、本体後ろに中央の印をつける。

ラミネート（プリント柄）

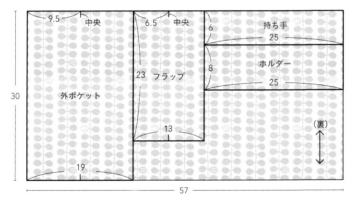

9.5　中央　　6.5　中央　　6　持ち手
　　　　　　　　　　　　　25
23　フラップ　　8　ホルダー
　　　　　　　　　　　　　25
30　外ポケット　　　　　（裏）
　　　　13
　19
57

ラミネート（リネン柄）

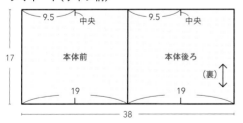

9.5　中央　　9.5　中央
17　本体前　　本体後ろ　（裏）
　19　　　19
38

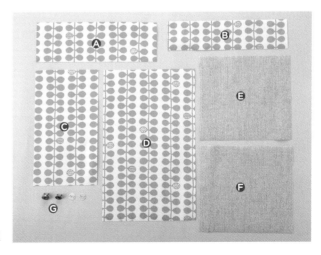

Ⓐホルダー、Ⓑ持ち手、Ⓒフラップ、Ⓓ外ポケット、
Ⓔ本体前、Ⓕ本体後ろ、Ⓖマグネットボタン1組

作り方 ※単位はcm。

① 外ポケットの上下と持ち手を縫う

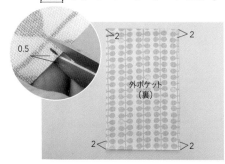

① 外ポケットの裏側の上下4か所に、印をつけて0.5cm切り込みを入れる。

Point 印に切り込みを入れておくと、表裏どちらからでも印の位置がわかる。

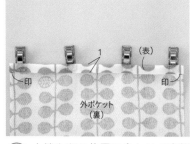

② 上端を印の位置に合わせて裏側に折り、手芸用クリップでとめる。

Point 表側から縫うので、手芸用クリップは表側からとめておく。

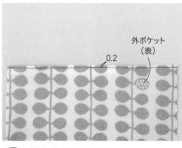

③ 端から端まで縫う。

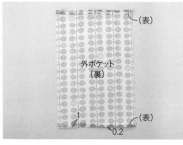

④ 下端も②、③と同様に縫う。

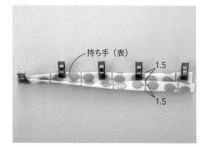

⑤ 持ち手の上下の端を中央に合わせて裏側に折り、さらに半分に折って手芸用クリップでとめる。

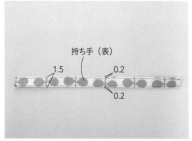

⑥ 上下の際を縫う。

---

② フラップを作る

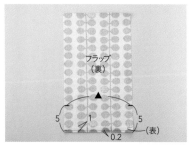

① ①−①〜③と同様に、フラップの下端を裏側に折って縫う。左右の端に合印（▲）を入れる。

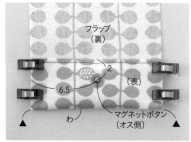

② マグネットボタン（オス側）をつける（P93「マグネットボタンのつけ方」参照）。フラップの下端を合印（▲）で外表に折り、手芸用クリップでとめる。

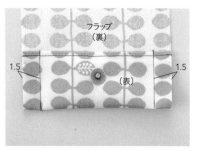

③ 左右の端を縫う。

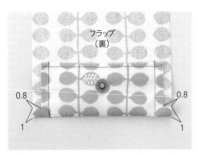

④ 左右の縫い代の上側1枚を写真のようにカットする。

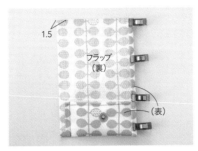

⑤ 右端を③の縫い目に合わせて折り、さらにもう一度折って三つ折りにして際を縫う。

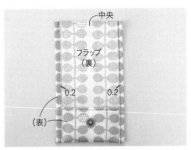

⑥ 左端も同様に折って縫う。フラップができる。上端の中央に印をつけておく。

マグネットボタンのつけ方

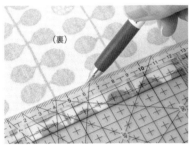

① マグネットボタンつけ位置に印をつける。

② マグネットボタンの座金を中央の印に当て、差し込み位置に印をつける。

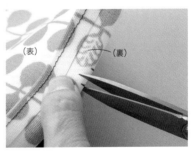

③ 印に切り込みを入れる。

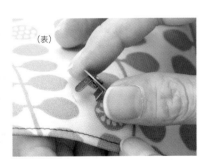

④ 表側から、マグネットボタン（写真はオス側）の足を差し込む。

⑤ 裏に返す。

Point 布が薄い場合は、座金よりひと回り大きくカットした当て布に切り込みを入れて重ねるとよい（丸写真）。

当て布

⑥ 座金を差し込み、マグネットボタンの足を左右に開く。メス側も同様につける。

3 本体後ろにホルダーをつける

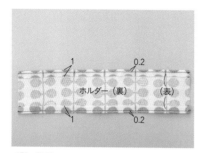

① ③-①〜③と同様に、ホルダーの上下を裏側に折って縫う。

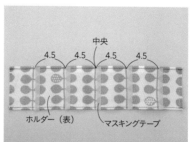

② ホルダーの表側に、縫い位置に合わせて、マスキングテープを貼る。

Point ペン型チャコで印がつけられないラミネートなどは、線代わりにマスキングテープを貼るとよい。

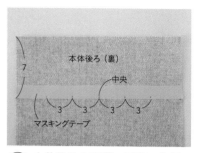

③ 本体後ろの裏側の写真の位置にマスキングテープを貼り、印をつける。

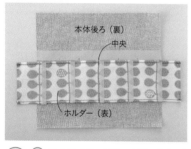

④ ③のマスキングテープに合わせてホルダーを外表に重ね、中央の印を合わせてホルダーのマスキングテープに沿って縫う。

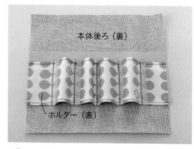

⑤ 同様に、中央の印の左右2か所ずつをそれぞれ合わせて、マスキングテープに沿って縫う。

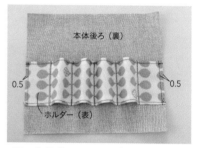

⑥ 本体後ろとホルダーの左右の端を合わせて仮留めする。

4 本体前と後ろに外ポケットをつける

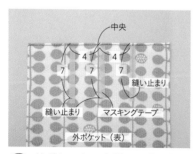

① 外ポケットの表側の写真の位置にマスキングテープを貼り、ペンで縫い止まりの印をつける。

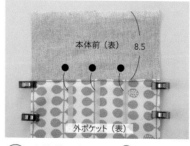

② 本体前の表側に、①を重ね、手芸用クリップでとめる。

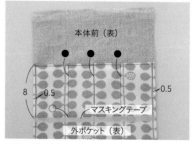

③ 外ポケットのマスキングテープ左側（●）をそれぞれ印まで縫う。左右の端を仮留めし、写真の位置にマスキングテープを貼る。

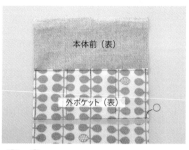

④ ③のマスキングテープの上端（○）に沿って縫う。

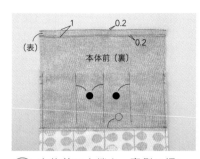

⑤ 本体前の上端を、裏側に幅1cmの三つ折りにして、上下の際を2本縫う。

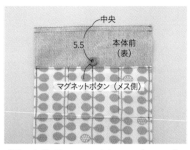

⑥ 本体前に、マグネットボタン（メス側）をつける（P93「マグネットボタンのつけ方」参照）。

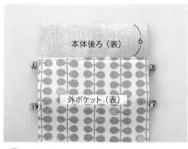

⑦ 本体後ろの表側に、外ポケットの反対側の端を合わせる。裏側から縫うので、手芸用クリップを裏向きでとめておく。

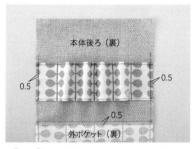

⑧ ⑦を裏返し、本体後ろの裏側の左右と下端を、外ポケットと仮留めする。

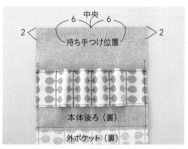

⑨ 本体後ろの裏側に、持ち手つけ位置と左右の折り位置の印をつける。

---

5 フラップと持ち手をつけて仕上げる

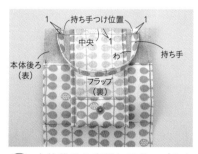

① 本体後ろの表側にフラップを中表に合わせ、中央の印を合わせて仮留めする。さらに、持ち手つけ位置に持ち手の両端を合わせて仮留めする。

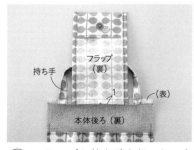

② フラップと持ち手を起こし、本体後ろの上端ごと裏側に折る。

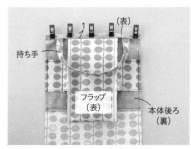

③ さらに折って三つ折りにし、手芸用クリップでとめる。

95

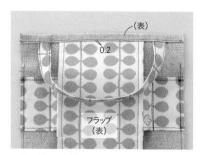

④ 端から端まで縫う。

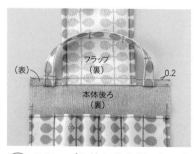

⑤ フラップと持ち手を起こし、上端の際を縫う。

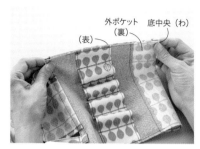

⑥ ⑤を中表に半分に折り、「わ」の両端を少し斜めにカットして、底中央の印をつける。

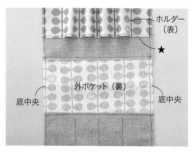

⑦ 左右の端に底中央の印をつけたところ。

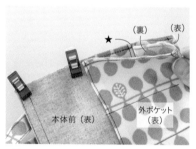

⑧ 本体前と本体後ろを外表にして、上端どうしを合わせて手芸用クリップでとめる。本体後ろのホルダーの下端（★）に、底中央の印を合わせて折り込む。

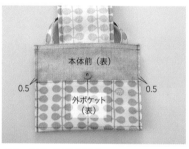

⑨ 左右の端を縫う。

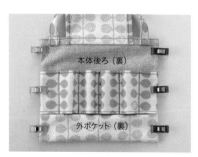

⑩ 裏に返し、左右の端を手芸用クリップでとめる。

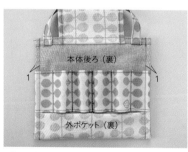

⑪ ⑨の縫い代を包むように、左右の端を縫う。

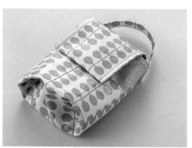

⑫ 表に返して形を整える。でき上がり。

How to Make

▶ 89ページ

30 布トレー 大

31 布トレー 小

難易度 ★ ☆ ☆

 手縫いOK

＜大＞

＜小＞

でき上がりサイズ

＜大＞約22cm×17cm×高さ4cm
＜小＞約10cm×10cm×高さ3cm

材料

＜大＞
綿麻キャンバス（プリント柄）…………32cm×27cm
綿麻キャンバス（薄茶色）…………………32cm×27cm
接着キルト芯 ……………………………31cm×26cm
レーステープ（生成り）……………幅3.5cm×27cm
タグ（好みのもの）………………幅1cm×2.5cm
＜小＞
綿ローン（花柄）…………………………18cm×18cm
綿麻キャンバス（チェック柄）…………18cm×18cm
接着キルト芯 ……………………………17cm×17cm
モチーフレース（好みのもの）………………1枚

作り方 ※単位はcm。（ ）内の数字は＜小＞。

1 外布と内布を作る

① 外布と内布、接着キルト芯の角4か所を、それぞれ斜めにカットする。

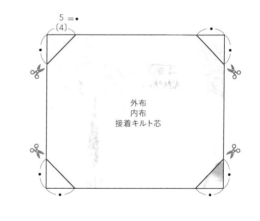

5 ＝●
(4)

外布
内布
接着キルト芯

裁ち方と寸法図 ※単位はcm。（ ）内の数字は＜小＞。

＜大＞綿麻キャンバス（プリント柄）
＜小＞綿ローン（花柄）

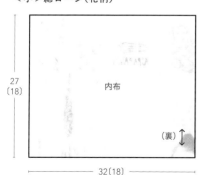

内布

（裏）

27
(18)

32(18)

＜大＞綿麻キャンバス（薄茶色）
＜小＞綿麻キャンバス（チェック柄）

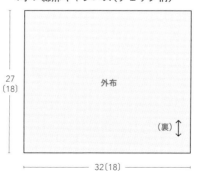

外布

（裏）

27
(18)

32(18)

接着キルト芯

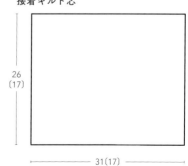

26
(17)

31(17)

② 内布の裏側に、接着キルト芯を貼る。

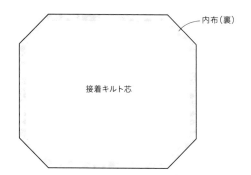

内布(裏)

接着キルト芯

③ ＜大＞は内布の表側にレーステープを合わせ、左右の際を縫う。

④ ＜大＞はレーステープの上にタグを縫いつける。

＜大＞

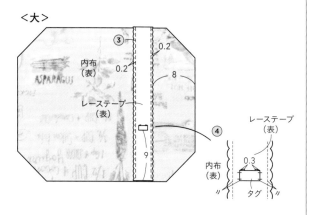

③　0.2

内布(表)　0.2

ASPARAGUS

8

レーステープ(表)

9

④

レーステープ(表)

内布(表)　0.3　タグ

---

② 外布と内布を縫い合わせる

① 外布と内布を中表に合わせ、返し口を残して縫う。角8か所をV字にカットする。

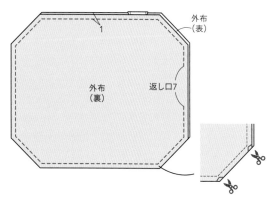

1　外布(表)

返し口7

外布(裏)

---

② 角を整え、返し口から表に返し、返し口をコの字縫いで閉じる(P13「返し口を閉じる」参照)。

③ 四角く1周縫う。

④ ＜小＞はモチーフレースを縫いつける。

＜大＞

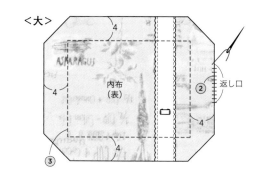

4

ASPARAGUS

4

内布(表)

②　返し口

4

③　4

＜小＞

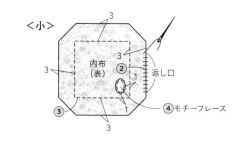

3

3　3

3　内布(表)　②　1　返し口

③　1

3　④モチーフレース

⑤ ③の縫い目に沿って縁を起こしてアイロンで折り目をつけ、4か所の角をそれぞれ縫いとめる。でき上がり。

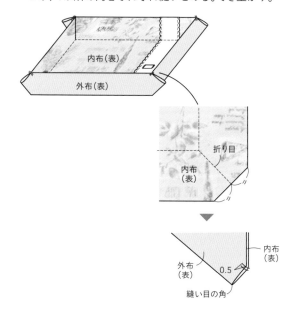

内布(表)

外布(表)

折り目

内布(表)

▼

外布(表)　0.5　内布(表)

縫い目の角

How to Make

▶ 90ページ

㉜ ビスコーニュ

難易度 ★ ☆ ☆ 手縫いOK

<A> <B>

でき上がりサイズ 約7.5cm×7.5cm×高さ2.5cm

材料

<A>
綿ローン（花柄）·····················10cm×10cm
リネン（緑）·····························10cm×10cm
<B>
綿ブロード（花柄）·····················10cm×10cm
リネン（赤）·····························10cm×10cm
<共通>
手芸用化繊綿 ·································· 適量
くるみボタン（好みのもの）··········直径1.5cmを1個
二つ穴ボタン（好みのもの）············直径1cmを1個

作り方 ※単位はcm。

1 布aとbをカットする

① 布aの角をそれぞれカットし、さらにそれぞれの辺の中央に切り込みを入れる。

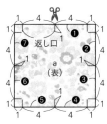

② 布bも①と同様に角をカットし、それぞれの辺の中央に切り込みを入れる。

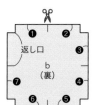

<A>綿ローン（花柄）　<A>リネン（緑）
<B>綿ブロード（花柄）　<B>リネン（赤）

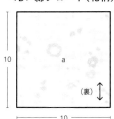 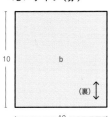

2 布aとbを縫い合わせる

① 1の図を参照し、布aとbそれぞれの❶の辺どうしを、中表に合わせて縫う。

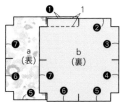

② 布aとbそれぞれの❷の辺どうしを中表に合わせて縫う。

③ 同じ要領で、布aとbの❸～❼の辺どうしを中表に合わせて縫う。

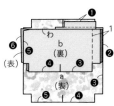

④ 1辺（返し口）を残して縫い合わせたら、縫い代をb側に倒してアイロンで押さえる。返し口から表に返す。

3 化繊綿を詰めて仕上げる

① 返し口から化繊綿を詰め、返し口をコの字縫いで閉じる（P13「返し口を閉じる」参照）。

② くるみボタンと二つ穴ボタンを、①をはさむように中央に縫いつける。少し強めに糸を引いて、中央をくぼませる。

③ でき上がり。

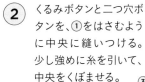 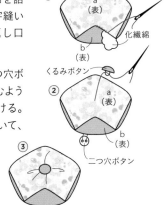

アクセサリー

part **7**

端切れや残った布で、手縫いでも手軽に作れるものを集めました。
捨てられなかった小さな布たちが、かわいく大変身します。

33 手縫いで作る
ミラーつきマカロンチャーム（右）

34 手縫いで作る
ミニマカロンチャーム（左）

中に鏡がついたミニケースと、リボンの取っ
手をつけてお鍋に見立てたケースです。

▽

作り方…103ページ／108ページ

鏡の反対側には小さなポ
ケットつき

35

シュシュ

上下の縁にちらりと見えるリボン
で、少しよそ行きの上品な印象に。

▽

作り方…109ページ

パーツをボンドで貼り合わせて、
バレッタ金具につけるだけ

36

リボンのバレッタ

布、リボン、レース、ボタンを組
み合わせたカジュアルなリボン。

▽

作り方…110ページ

フリンジピアス

布やレース、リボンをリングに通して
とめただけで、こんなにかわいい。

▽

作り方…111ページ

イヤリング金具をつけて
もOK

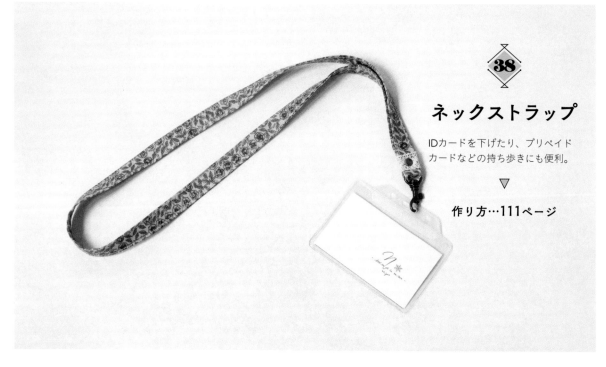

ネックストラップ

IDカードを下げたり、プリペイド
カードなどの持ち歩きにも便利。

▽

作り方…111ページ

▶ 100ページ／実物大型紙B面

33

手縫いで作る
ミラーつきマカロン チャーム

難易度 ★ ★ ☆　手縫いOK

でき上がりサイズ

約 2cm

約 5.5cm

材料

綿ローン（花柄）················20cm×9cm	布テープ（好みのもの）··············幅1cm×4cm
リネン（紫）·····················9cm×9cm	鏡·····························直径5cmを1個
リネン（チェック柄）···········15cm×8cm	包みボタン·······················直径5cmを2個
キルト芯························13cm×7cm	Dカン··························幅1cmを1個
厚紙····························11cm×6cm	チェーンストラップ（好みのもの）···········1本
ファスナー（生成り）···········16cmを1本	両面テープ··························適量

裁ち方と寸法図 ※単位はcm。
※縁布以外は型紙を使い、縫い代をつけずに線を引いて裁つ。

綿ローン（花柄）

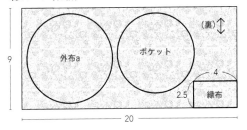

リネン（紫）

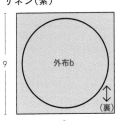

リネン（チェック柄）

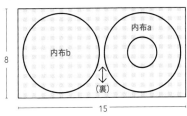

キルト芯

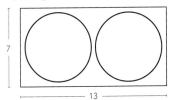

Ⓐ外布a、Ⓑ外布b、Ⓒ鏡、Ⓓ包みボタン2個、Ⓔファスナー、Ⓕポケット、Ⓖ内布b、Ⓗ内布a、Ⓘ縁布 、Ⓙ布テープ、ⓀDカン、Ⓛキルト芯2枚、Ⓜ厚紙b、Ⓝ厚紙a

厚紙

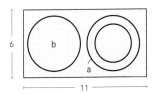

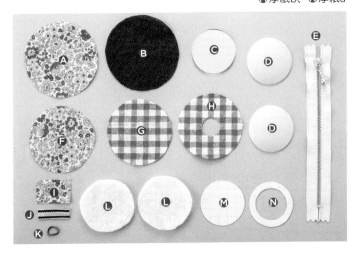

1 包みボタンに外布をつける

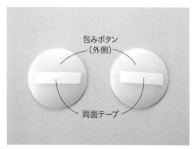

① 包みボタンの外側（出っ張っている側）に両面テープをつける。

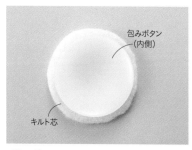

② ①のはく離紙をはがし、キルト芯の中央につける。

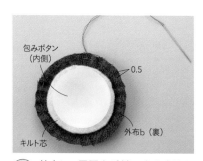

③ 外布bの周囲を手縫い糸2本取りで1周ぐし縫いする。②をキルト芯を下にして中央にのせる。

Point 引き締めたときに糸が切れないよう、2本取りにしておく。

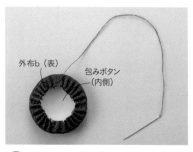

④ 糸を引いて縮め、玉留めする。

⑤ さらに糸を数回渡してから玉留めし、糸を切る。

Point ギャザーを均等にしてから、バランスよく糸を渡してとめるとよい。

⑥ 外布aも、③〜⑤と同様に作業する。

2 内側のパーツを作る

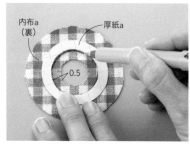

① 内布aの裏側の中央に厚紙aをのせ、ペン型チャコで内側の線を引く。

② ①の線まで、細かい切り込みを入れる。

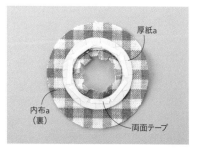

③ 厚紙aに両面テープを貼り、②の上にのせる。

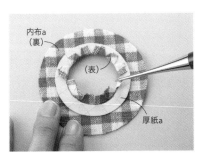

④ はく離紙をはがし、切り込み部分を折り返して厚紙に貼る。

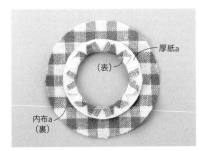

⑤ 貼り終わったところ。

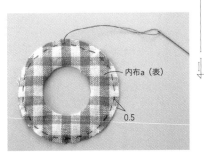

⑥ 表に返して、周囲を1周ぐし縫いする。

⑦ ポケットを外表に半分に折り、内布bの表側に重ねる。

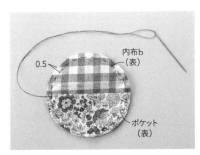

⑧ 周囲を手縫い糸2本取りで1周ぐし縫いする。

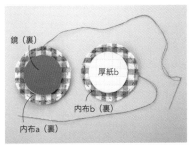

⑨ ⑥の裏側の中央に、鏡の表側を下に向けてのせる。⑧の裏側の中央に、厚紙bをのせる。

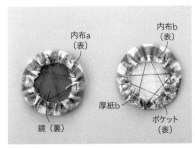

⑩ 1 – ④、⑤と同様に、内布aとbをつける。

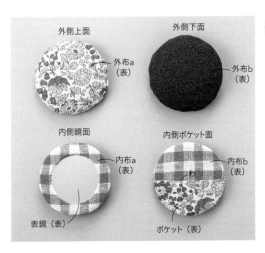

⑪ 外側上面と下面、内側鏡面とポケット面ができたところ。

3 ファスナーに外側上面と下面をつける

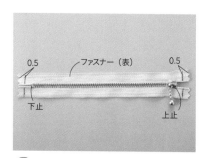

① ファスナーの両端に、ペン型チャコで線を引く。

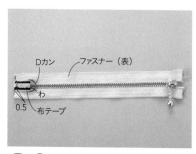

② ①の線で両端をカットする。布テープを半分に折ってDカンを通し、ファスナーの下止側に仮留めする。

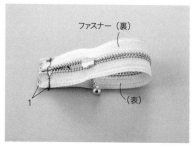

③ ファスナーを少しあけてから中表に折り、端を合わせて手縫い糸2本取りで本返し縫いをする。

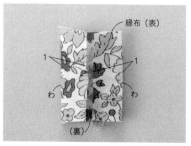

④ 縁布の左右の端を裏側に折る。

⑤ ③の縫い代を縁布ではさみ、手縫い糸2本取りで両側をまつって包む。

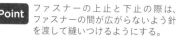

Point ファスナーの上止と下止の際は、ファスナーの間が広がらないよう針を渡して縫いつけるようにする。

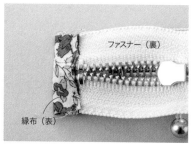

⑥ 縁布を縫い終えたところ。

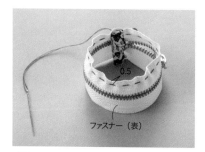

⑦ ファスナーを表に返す。上止を右側にして、ファスナーの上端を、手縫い糸2本取りでぐし縫いする。

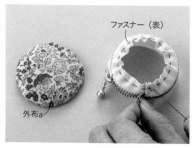

⑧ 糸を軽く引いて、ファスナーの上端を外側上面のサイズに合わせて縮める。玉留めをして糸を切る。

Point 外布aを貼った包みボタンを合わせて、サイズを確認してから玉留めをする。

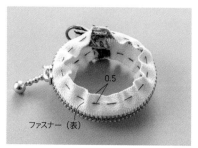

⑨ ファスナーの反対側の端も、同様にぐし縫いしてとめる。

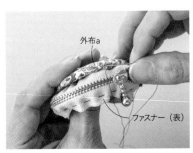

⑩ ファスナーの⑧で縮めた側に外布上面を合わせ、ぐし縫いの際をコの字縫いで1周縫う（P13「返し口を閉じる」参照）。

⑪ 縫い終えたところ。ファスナーをあける。

⑫ 同様に、ファスナーの反対側に外側下面を縫いつける。

④ 内側のパーツをつけて仕上げる

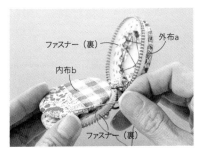

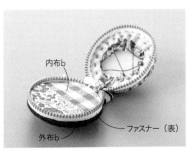

① 外側下面の裏側を上にして、ファスナーをめくり、内側ポケット面を写真のように合わせて、ぐし縫いの際をコの字縫いで1周縫う。

② 1周縫い終えたところ。

③ めくっていたファスナーを戻す。

④ 同様に、外側上面の裏側に、内側鏡面を合わせてコの字縫いで1周縫う。

⑤ 内側が縫い終えたところ。

⑥ ファスナーを閉める。でき上がり。使うときは、Dカンにチェーンストラップをつける。

34 ▶ 100ページ／実物大型紙B面

手縫いで作る
ミニマカロンチャーム

難易度 ★ ☆ ☆ 手縫いOK

でき上がりサイズ

直径約4cm×高さ2cm

材料

綿麻オックス（生成り）........................15cm×7.5cm
綿ブロード（水玉柄）............................17cm×6.5cm
キルト芯..18.5cm×5.5cm
ファスナー（生成り）.............................12cmを1本
サテンリボン（白）...............幅0.3cm×3cmを3本
ビーズ（黒）.............................直径0.8cmを1個
包みボタン.............................直径4cmを2個
チェーンストラップ（好みのもの）...................1本
両面テープ...適量

裁ち方と寸法図

※単位はcm。
※縁布以外は型紙を使い、縫い代をつけずに線を引いて裁つ。

綿麻オックス（生成り）
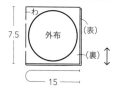

綿ブロード（水玉柄）
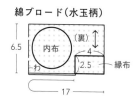

キルト芯
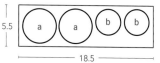

作り方 ※単位はcm。

1 包みボタンに外布をつける

① P104**33**作り方**1**と同様に、包みボタンにキルト芯aをそれぞれ両面テープで貼り、外布で包む。

② ①の1つの裏側の対称の位置に、サテンリボン2本をそれぞれ仮留めする。外側上面になる。もう1つが外側下面になる。

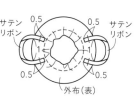

2 内側のパーツを作る

① 内布の裏側の中央にキルト芯bをのせ、周囲を手縫い糸2本取りで1周ぐし縫いする。

② 糸を引いて縮め、P104**33**作り方**1**－④、⑤と同様に作業する。同様にもう1つ作る。

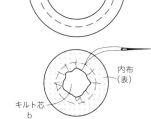

3 仕上げる

① サテンリボンを半分に折り、ファスナーの下止の際にはさみ、仮留めする。

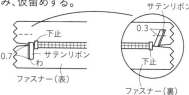

② P106**33**作り方**3**－③～⑨と同様に、外側上面と下面をファスナーに縫いつける。

③ P106**33**作り方**3**と同様に、内側をそれぞれ縫いつける。外側上面の中央に、ビーズをボンドで貼る。でき上がり。使うときは、サテンリボンにチェーンストラップをつける。

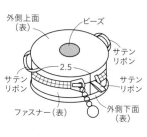

How to Make

35 シュシュ

▶ 101ページ

難易度★☆☆ 手縫いOK

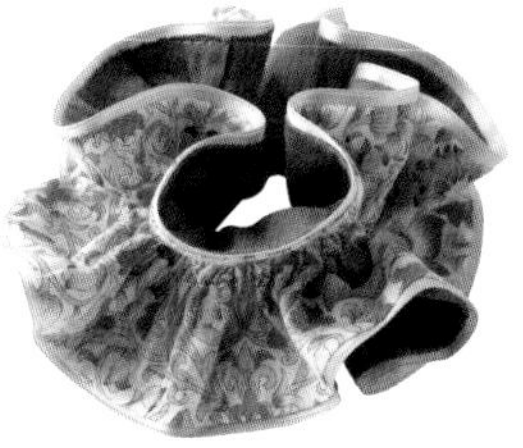

<A>

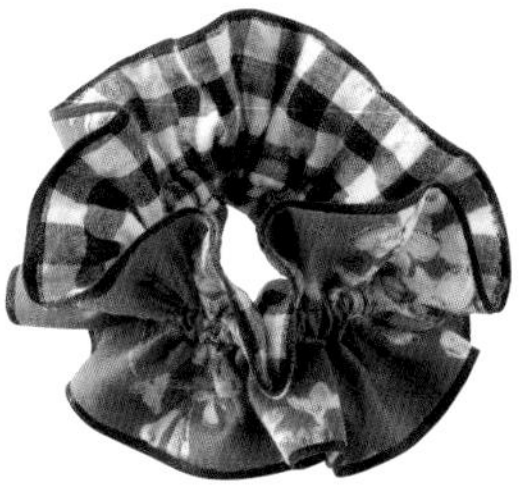

<B>

できあがりサイズ

約6cm×18cm（1周）

材料

<A>
綿ローン（プリント柄）……50cm×8cm
綿ローン（薄紫）……50cm×8cm
サテンリボン（ピンク）……幅1cm×50cmを2本
<B>
綿ローン（花柄）……50cm×8cm
綿ローン（チェック柄）……50cm×8cm
サテンリボン（黒）……幅1cm×50cmを2本
<共通>
平ゴム……幅0.5cm×約20cm

裁ち方と寸法図

※単位はcm。

<A>綿ローン（プリント柄）
<B>綿ローン（花柄）

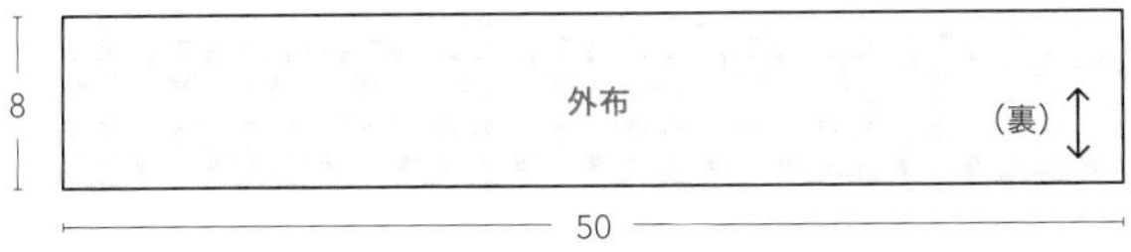

8
外布
（裏）
50

<A>綿ローン（薄紫）
<B>綿ローン（チェック柄）

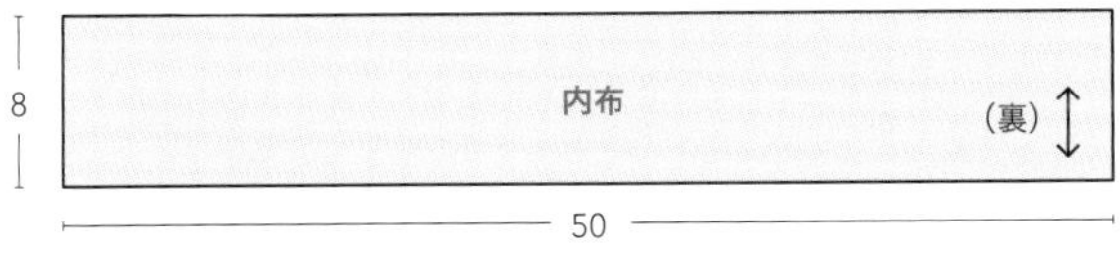

8
内布
（裏）
50

作り方

※単位はcm。

1 外布と内布を縫い合わせる

① 内布の表側の上下にサテンリボンを合わせ、それぞれ仮留めする。

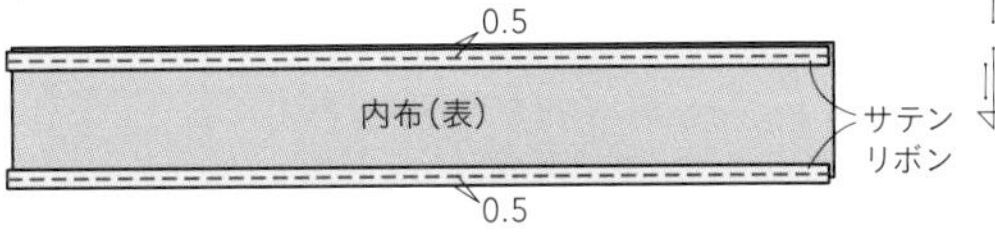

0.5
内布（表）
サテンリボン
0.5

② 内布に外布を中表に合わせ、上端を縫い合わせる。

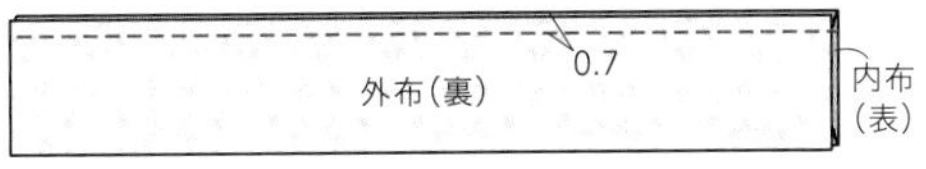

0.7
外布（裏）
内布（表）

③ ②を開いて縫い代を外布側に倒す。中表に半分に折り、ゴム通し口を残して端を縫い合わせる。縫い代を割る。

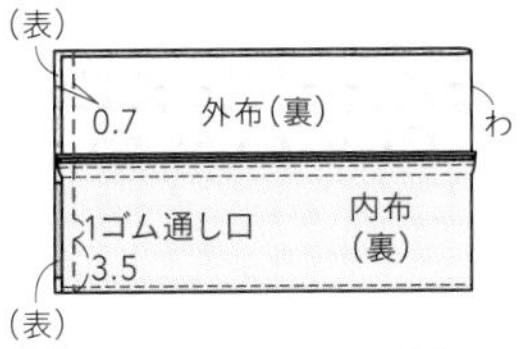

（表）
0.7
外布（裏）
わ
1ゴム通し口
内布（裏）
3.5
（表）

④ ③のはぎ目の位置をずらし、上側の内布と外布を裏側にめくって、図のように折る。

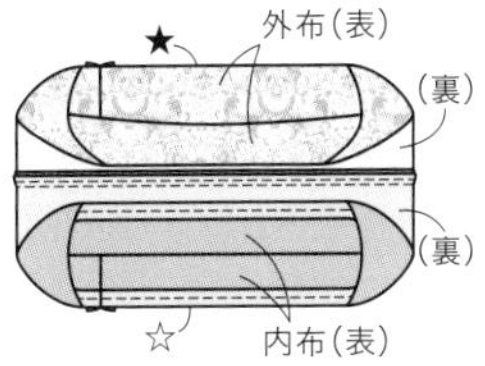

★
外布（表）
（裏）
（裏）
☆
内布（表）

⑤ 下側の外布（★）と内布（☆）を中表に合わせ、返し口を残して、少しずつ内側の外布と内布を引き出しながら1周縫い合わせる。

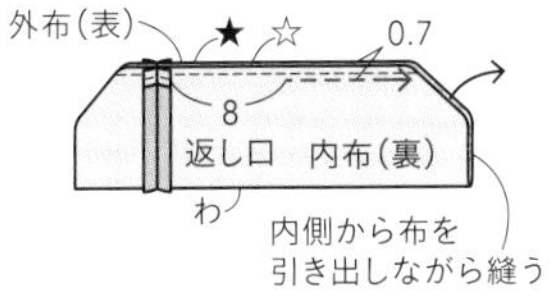

外布（表）
★ ☆
0.7
8
返し口
内布（裏）
わ
内側から布を引き出しながら縫う

2 ゴムを通して仕上げる

① 返し口から表に返し、返し口の縫い代を裏側に折り込んで際を縫う。

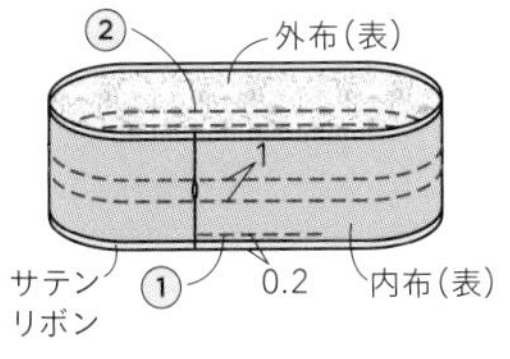

②
外布（表）
1
サテンリボン
①
0.2
内布（表）

② ゴム通し口の上下の位置を、それぞれ1周縫う。

③ ゴム通し口からゴムを通し、両端を2本一緒に結ぶ。結び目はゴム通し口から中に入れ込む。

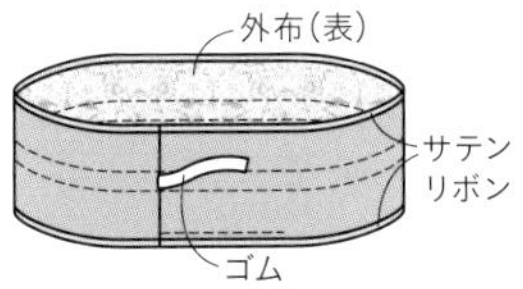

外布（表）
サテンリボン
ゴム

④ 外布を表側にして形を整える。でき上がり。

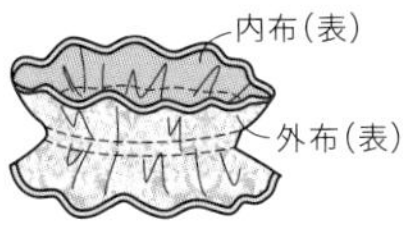

内布（表）
外布（表）

How to Make

▶ 101ページ

36 リボンのバレッタ

難易度 ★ ☆ ☆　手縫いOK

【でき上がりサイズ】

約11cm×3.5cm

【材料】

綿オックス（ストライプ柄）……………9cm×9cm
レーステープa（黒）………………幅2.5cm×15cm
レーステープb（白）………………幅1.5cm×15cm
グログランリボン（紺）……………幅1cm×23cm
ボタン（好みのもの）……………直径2.3cmを1個
革テープ（好みの色）………………幅1.5cm×10cm
バレッタ金具………………………6cmを1個

【裁ち方と寸法図】

※単位はcm。

綿オックス（ストライプ柄）

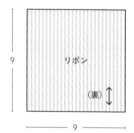

【作り方】　※単位はcm。

1 リボンを作る

① リボンを中表に半分に折り、返し口を残して縫う。

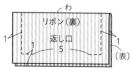

② 返し口から表に返し、返し口の縫い代を裏側に折り込んで、形を整える。

③ リボンの短い辺を4等分してジャバラ状に折り、中央を縫いとめる。

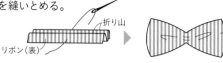

2 仕上げる

① レーステープaの上に、レーステープbをボンドで貼る。

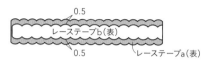

② グログランリボンの端どうしを重ね、ボンドで貼る。①に中央を合わせ、少し傾けてのせ、中央をよけてボンドでつける。

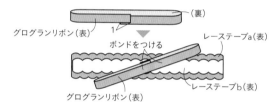

③ ②の中央にリボンをのせ、レーステープまで針を通してボタンで縫いとめる。

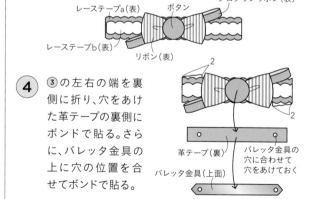

④ ③の左右の端を裏側に折り、穴をあけた革テープの裏側にボンドで貼る。さらに、バレッタ金具の上に穴の位置を合せてボンドで貼る。

⑤ ボンドが乾いたらバレッタ金具と革テープを縫いとめる。でき上がり。

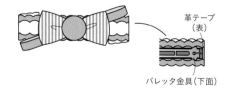

 How to Make

▶ 102ページ

37 フリンジピアス

難易度 ★ ☆ ☆

| でき上がりサイズ | 約1cm×9cm（モチーフ部分） |

| 材料 |

端切れ（好みのもの）‥‥‥0.5cm×12〜13cmを10枚
レーステープ（好みのもの）‥ 幅0.5cm×18cmを2本
ワックスコード（茶色）‥‥‥‥太さ1mmを適量
リング（好みのもの）‥‥‥‥‥直径1cmを2個
つなぎカン（好みのもの）‥‥‥長さ0.6cmを2個
ピアスフック（好みのもの）‥‥‥‥‥‥2個
※イヤリングにする場合は、イヤリング金具を2個。

| 作り方 | ※単位はcm。

1 モチーフを作る

① リング1個に端切れ5枚とレーステープ1本を通して折る。このとき、長さがバラバラになるようにする。

② ワックスコードの端を折って①に合わせ、その上にワックスコードを巻きつける。巻き終わりの端を目打ちで内側に入れ、ボンドでとめる。巻き始めの余分なワックスコードの端はカットする。もう1個も同様に作る。

2 ピアスフックをつけて仕上げる

モチーフとピアスフックをつなぎカンに通してとめる。でき上がり。

 How to Make

▶ 102ページ

38 ネックストラップ

難易度 ★ ☆ ☆

| でき上がりサイズ |

約1.5cm×36cm（1周）

| 材料 |

ラミネート（花柄）‥‥‥‥‥‥‥‥‥‥90cm×6cm
レーステープ（生成り）‥‥‥‥‥‥幅1.5cm×3cm
ナスカン‥‥‥‥‥‥‥‥‥‥‥‥幅1.5cmを1個
カシメ‥‥‥‥‥‥‥‥‥‥‥‥中／9mm足を1組

| 裁ち方と寸法図 | ※単位はcm。

ラミネート（花柄）

| 作り方 | ※単位はcm。

1 ひもを縫う

ラミネートの上下の端を裏側に折る。さらに半分に折り、上下の際を縫う。ひもができる。

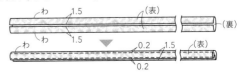

2 ナスカンをつけて仕上げる

① ひもにナスカンを通し、同じ面の端どうしを重ねて縫う。

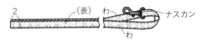

② ①の縫い代が内側になるように返し、はぎ目の位置をずらして縫い代の端にナスカンを合わせる。

③ 縫い代をはさむように、★にレーステープの上下の端を入れ、カシメをつける（P83「カシメのつけ方」参照）。でき上がり。

part 8

サニタリーグッズ

衛生用品を持ち歩くときでも、見た目のかわいさも大切なポイント。
消毒や洗濯が手軽にできるので、いつでも清潔に保てます。

39

マスクケース

丈夫なラミネート素材なので、表
面を拭いて消毒できます。

▽

作り方…115ページ

未使用と使用済みを分け
られる仕切りつき

エチケットポーチ

かわいい布やタグで作ったら、ブ
ルーデーも楽しく過ごせそうです。

作り方…116ページ

内側の両サイドのポケッ
トにナプキンをイン

布ライナー

デイリー使いに。布違いで何枚も
作っておくと便利です。

▽

作り方…119ページ

布ナプキン

肌にやさしいだけでなく、環境に
もやさしいアイテムです。

▽

作り方…118ページ

肌に当たる面にはガーゼ
とシルクを使用

How to Make

▶ 112ページ

39
マスクケース
難易度 ★ ☆ ☆

| でき上がりサイズ |

約20.5cm×12.5cm

| 材料 |

ラミネート（花柄）································22cm×25cm
ラミネート（ベージュリネン柄）··········22cm×25cm
タブ（好みのもの）········幅1cm×3.5cm（開いた状態）
革テープ（1mm厚／茶色）···············幅1.2cm×5cm
Dカン ····································幅1cmを1個
カシメ······························中／6mm足を1組

| 裁ち方と寸法図 | ※単位はcm。

ラミネート（花柄）

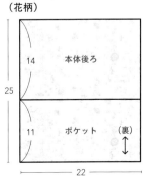

ラミネート（ベージュリネン柄）

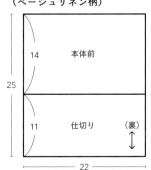

| 作り方 | ※単位はcm。

1 本体とポケットをカットする

① 本体後ろの下側の角2か所を斜めにカットする。

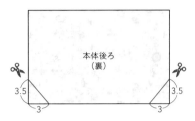

② 本体前とポケットも、①と同様にカットする。

---

2 上端を縫う

① 本体後ろの裏側の上端から1.5cmの位置に印をつけて、はさみで0.5cmの切り込みを入れて合印をつける。

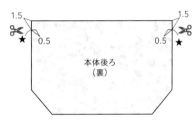

② ①の合印（★）に合わせて、上端を裏側に二つ折りにして縫う。

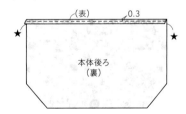

③ 本体前、仕切り、ポケットの上端も①、②と同様にそれぞれ縫う。

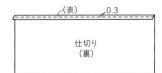

③ 仕上げる

① 本体前の表側に、ポケットを重ねる。右側のポケットの上にタブを半分に折って合わせ、仮留めする。

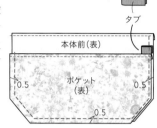

② ①を裏返し、本体前の裏側の縫い代の下（★）に仕切りの上端を合わせ、左右を仮留めする。

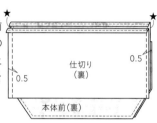

③ ②の本体前と本体後ろを中表に合わせて、入れ口以外を縫う。

④ 左右それぞれの角2か所をV字にカットする。

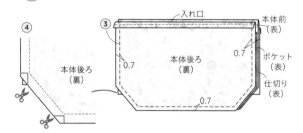

⑤ 表に返す。革テープの端を斜めにカットし、Dカンを通して半分に折る。本体前と後ろをはさみ、カシメでとめる（P83「カシメのつけ方」参照）。でき上がり。

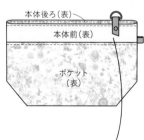

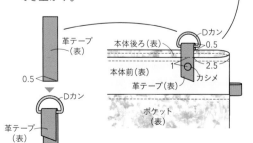

▶ 113ページ

40 エチケットポーチ

難易度 ★ ☆ ☆　手縫いOK

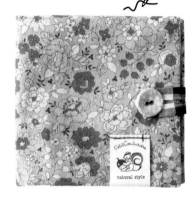

でき上がりサイズ

約22cm×11cm（開いた状態）

材料

綿麻（花柄）	48cm×13cm
綿麻（チェック柄）	26cm×13cm
ボタン（好みのもの）	直径1.8cmを1個
タグ（好みのもの）	幅2.5cm×5.3cm

裁ち方と寸法図　※単位はcm。

綿麻（花柄）

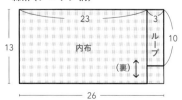

綿麻（チェック柄）

作り方 ※単位はcm。

1 ポケットとループを縫う

① 右ポケットの右端を裏側に三つ折りにして縫う。

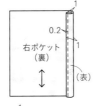

② 左ポケットの左端を裏側に三つ折りにして縫う。

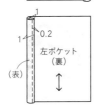

③ ループの上下の端を裏側に折り、さらに半分に折って際を縫う。

2 仕上げる

① 外布の表側の左端に揃えて、ループを半分に折って中央に仮留めする。

② 外布の表側にタグの端を布端に揃えて仮留めし、さらに端を裏側に折って縫いとめる。

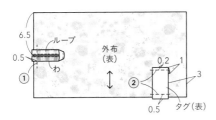

③ 外布の表側の左右に、右ポケットと左ポケットを中表に合わせて上下の端を縫う。

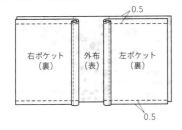

④ 左端を縫い、縫い代にジグザグミシンをかける。

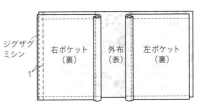

⑤ 内布の左端にジグザグミシンをかける。

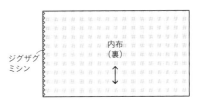

⑥ ④に内布の裏側を上にして重ね、右端を合わせてコの字に縫う。

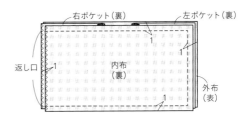

⑦ ⑥で縫い残した辺から表に返す。返し口は開いたままでよい。

⑧ 外布と内布をすくってボタンをつける。半分に折って、ボタンにループをかける。でき上がり。

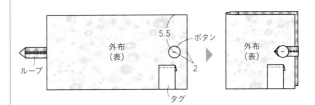

 How to Make

41 ▶ 114ページ／実物大型紙B面

布ナプキン

難易度 ★ ☆ ☆ 　手縫いOK

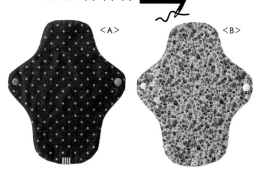

＜A＞　＜B＞

| でき上がりサイズ | 約19cm×22.5cm |

材料

＜A＞
ダブルガーゼ（グレー）......................20cm×25cm
コットンネル（水玉柄）......................20cm×25cm
リボン（好みのもの）.....................幅1.3cm×2.5cm
プラスナップ（薄茶色）.............直径1.2cmを1組
＜B＞
ダブルガーゼ（ベージュ）..................20cm×25cm
コットンネル（小花柄）......................20cm×25cm
リボン（好みのもの）........................幅1cm×2.5cm
プラスナップ（白）........................直径1.2cmを1組
＜共通＞
透湿性防水布..20cm×25cm

裁ち方と寸法図

※単位はcm。
※型紙を使って指定の縫い代をつけて線を引き
　中央の印をつけて裁つ。

ダブルガーゼ（＜A＞グレー、＜B＞ベージュ）
コットンネル（＜A＞水玉柄、＜B＞小花柄）
透湿性防水布

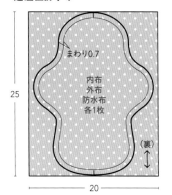

まわり0.7
内布
外布
防水布
各1枚
（裏）
25
20

作り方　※単位はcm。

1　3枚を縫い合わせる

① 内布の裏側に防水布の表側を合わせ、仮留めする。

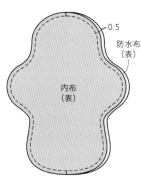

0.5
防水布
（表）
内布
（表）

② ①と外布を中表に合わせ、返し口を折り返してよけて1周縫い合わせる（P81 **26** 作り方 **8** -③～⑤参照）。

③ 返し口以外の縫い代に1cm間隔で縫い目の際まで切り込みを入れる。

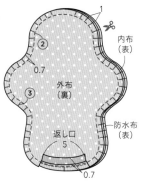

1
内布
（表）
0.7
②
外布
（裏）
③
防水布
（表）
返し口
5
0.7

2　プラスナップをつけて仕上げる

① 返し口から表に返し、返し口の中央の印にリボンの中央を合わせてはさみ、際を1周縫う。

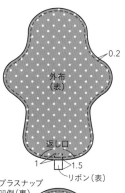

0.2
外布
（表）
返し口
1　1.5
リボン（表）

② リボンの端を裏側に折り、外布側に折り返して縫いとめる。

③ 型紙を参照し、プラスナップつけ位置に、付属の説明書を参照してプラスナップをつける。でき上がり。

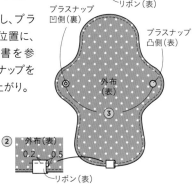

プラスナップ
凹側（裏）
プラスナップ
凸側（表）
外布
（表）
③
② 外布（表）
0.2　0.5
リボン（表）

How to Make

▶ 114ページ／実物大型紙B面

42 布ライナー

難易度 ★ ☆ ☆ 　手縫いOK

|でき上がりサイズ| 約5.5cm×14cm（本体部分）

|材料|

シルク（白）······················8cm×17cm
コットンネル（小花柄）···········8cm×17cm
透湿性防水布·····················8cm×17cm
綾テープ（生成り）········幅2cm×10cmを2本
プラスナップ（薄茶色）········直径1.2cmを1組

|裁ち方と寸法図|

※単位はcm。
※型紙を使って指定の縫い代をつけて線を引き、印をつけて裁つ。

シルク（白）
コットンネル（小花柄）
透湿性防水布

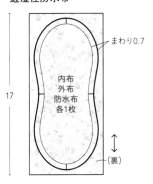

|作り方| ※単位はcm。

1 3枚を縫い合わせる

① 綾テープをそれぞれ半分に折り、上下の端を縫う。

② 外布の表側の左右の印に①の中央を合わせ、それぞれ仮留めする。

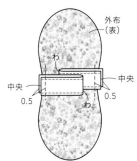

③ 内布の裏側に防水布の表側を合わせ、仮留めする（P118 41 作り方 1 －①参照）。

④ 外布と内布を中表に合わせ、返し口を残して縫い合わせる。

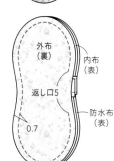

⑤ 縫い代に図のように、1cm間隔で縫い目の際まで切り込みを入れる。

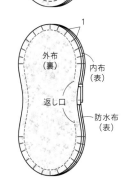

---

2 プラスナップをつけて仕上げる

① 返し口から表に返し、際を1周縫う。

② 綾テープに、付属の説明書を参照してプラスナップをつける。でき上がり。

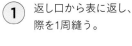
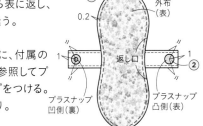

ベビーグッズ

赤ちゃんの肌に使うものだから、素材やデザインにもこだわりを。
見ているだけで幸せになりそうな、「かわいい」を集めました。

ベビーシューズ

ストラップがアクセント。素足に
触れる内側にはワッフル生地を。

▽

作り方…124ページ

ベビースタイ

布合わせがかわいいスタイを、さら
にタグや布テープでデコレーション。

▽

作り方…125ページ

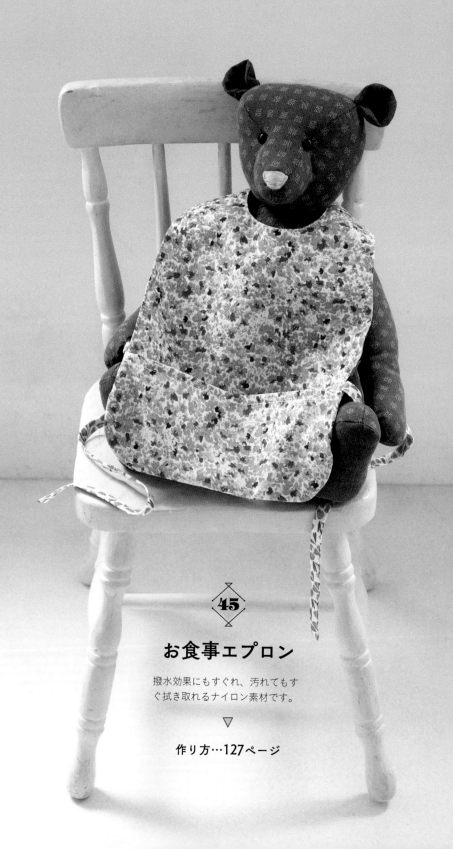

45

お食事エプロン

撥水効果にもすぐれ、汚れてもす
ぐ拭き取れるナイロン素材です。

▽

作り方…127ページ

母子手帳ケース

これひとつで、母子手帳や診察券、
ペンなどをすっきり整理できます。

作り方…129ページ

ポケットで細かく分けて
持ち運べます

 How to Make

▶ 120ページ／実物大型紙B面

㊸ ベビーシューズ

難易度 ★ ★ ☆ 　手縫いOK

でき上がりサイズ 約5cm×10cm×高さ4cm

材料

綿麻（小花柄）…………………………66cm×15cm
ワッフル地（生成り）……………………60cm×15cm
接着キルト芯 ……………………………55cm×15cm
レーステープ（好みのもの）……幅1.3cm×3cmを2本
スナップボタン………………………直径0.8cmを2組
モチーフレース（好みのもの）………………………1枚

裁ち方と寸法図

※単位はcm。
※ストラップ以外は、それぞれ型紙を使い、指定の縫い代をつけて線を引き、中央の印をつける。左・右外側面の表側に、
　ストラップつけ位置とスナップボタンつけ位置の印をつける。それぞれ、縫い線と裁ち切り線で裁つ。

綿麻（小花柄）

ワッフル地（生成り）

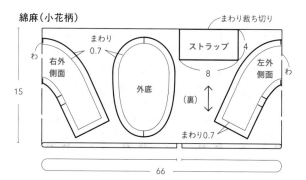

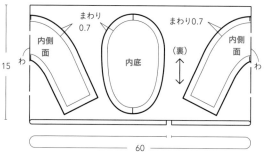

接着キルト芯

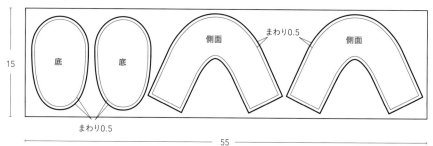

作り方 ※単位はcm。

1 側面とストラップを縫う

① 左・右側面と外底2枚の裏側に、接着キルト芯をそれぞれアイロンで貼る。

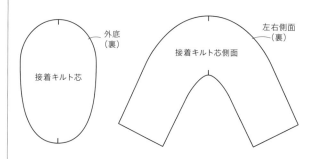

② ストラップの片側の端を裏側に折る。さらに、上下を裏側に折ってから半分に折り、上下の際を縫う。もう1本も同様に作る。

③ 右外側面の表側のストラップつけ位置に、ストラップを仮留めする。左外側面は右側にストラップを仮留めする。

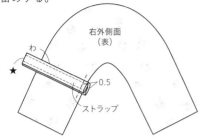

右外側面
（表）

わ

★

0.5

ストラップ

④ P80 ㉖作り方 １－①〜⑨と同様に右外側面と内側面を縫い合わせる。ただし、⑥で布テープではなくレーステープを仮留めする。

② 仕上げる

① P81 ㉖作り方 ② と同様に、外底を仮留めする。

② P81 ㉖作り方 ③ と同様に、内底を合わせて縫う。

③ 外側面の表側に、モチーフレースを縫いとめる。ストラップと外側面にスナップボタンを縫いつける。

④ もう片足も同様に作る。ただし、ストラップとスナップボタン、モチーフレースは対称の位置につける。でき上がり。

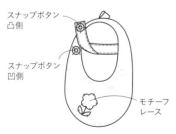

スナップボタン
凸側

スナップボタン
凹側

モチーフ
レース

How to Make

44

▶ 121ページ／実物大型紙B面

ベビースタイ

難易度 ★ ★ ☆　手縫いOK

<A>

<B>

でき上がりサイズ 約22.5cm×28cm

材料

<A>
ダブルガーゼ（チェック柄）……………26cm×24cm
ダブルガーゼ（花柄）………………24cm×12cm
プラスナップ（ハート形／ピンク）……直径1.3cmを1組
<B>
ダブルガーゼ（プリント柄）……………26cm×24cm
ダブルガーゼ（チェック柄）……………24cm×12cm
プラスナップ（星形／水色）………直径1.3cmを1組
<共通>
ガーゼワッフル（生成り）………………26cm×32cm
布テープ（好みのもの）……………幅1.6cm×6cm
タブ（好みのもの）……幅1.7cm×5cm（開いた状態）

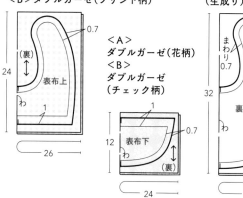

<A>ダブルガーゼ(チェック柄)
<B>ダブルガーゼ(プリント柄)

<A>
ダブルガーゼ(花柄)
<B>
ダブルガーゼ
(チェック柄)

0.7

(裏)

24

表布上

わ

1

26

12

表布下

わ

1

0.7

(裏)

24

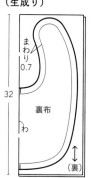

ガーゼワッフル
(生成り)

まわり
0.7

32

裏布

わ

(裏)

26

作り方　※単位はcm。

1 表布を作る

① 表布上と下を中表に合わせて縫う。

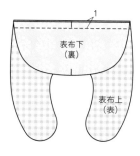

1

表布下
(裏)

表布上
(表)

② ①を開き、縫い代を表布下側に倒し、際を縫う。

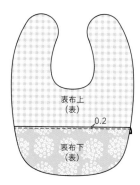

表布上
(表)

0.2

表布下
(表)

③ 布テープの両端を裏側に折って、②に合わせて四角く縫う。

---

④ タブを半分に折り、右端に合わせて仮留めする。表布ができる。

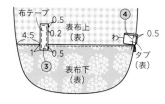

布テープ

0.5

4.5

表布上
(表)

0.2

1

0.5

③

表布下
(表)

④

わ

0.5

タブ
(表)

2 表布と裏布を縫い合わせて仕上げる

① 表布と裏布を中表に合わせ、返し口を残して縫う。

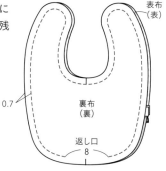

表布
(表)

0.7

裏布
(裏)

返し口
8

② カーブ部分の縫い代に、1cm間隔で縫い目の際まで切り込みを入れる。

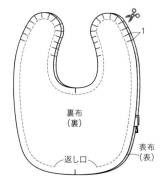

1

裏布
(裏)

返し口

表布
(表)

③ 返し口から表に返す。返し口の縫い代を折り込み、際を1周縫う。

④ 型紙を参照し、プラスナップつけ位置に、付属の説明書を参照してプラスナップをつける。でき上がり。

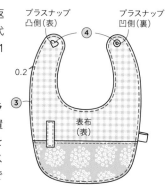

プラスナップ
凸側(表)

プラスナップ
凹側(裏)

④

0.2

③

表布
(表)

 How to Make

▶ 122ページ／実物大型紙B面

お食事エプロン

難易度 ★ ★ ☆

でき上がりサイズ

約28cm×42cm
（ひも含まず）

材料

ナイロンオックス（花柄）····················85cm×46cm
バイアステープ（花柄）
　·········幅2.5cm（両折れタイプ）×約40cmを2本
タブ（好みのもの）·····幅1.7cm×5cm（開いた状態）
プラスナップ（好みの色）···········直径1.2cmを1組

作り方 ※単位はcm。

1 ひもとポケットを縫う

① バイアステープの左端を折ってから、外表に半分に折り、左端と下端の際を縫う。もう1本も同様に縫う。ひもができる。

② ポケットの上端を裏側に三つ折りにし、際を縫う。

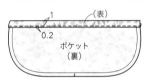

part 9 ベビーグッズ

裁ち方と寸法図 ※単位はcm。
※型紙を使って指定の縫い代をつけて線を引き、中央の印をつけて裁つ。

ナイロンオックス（花柄）

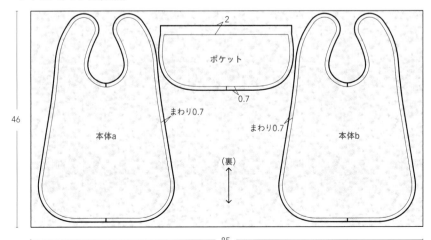

② 本体を縫って仕上げる

① 本体bの表側にポケットを中表に合わせ、左右にひもを1本ずつ合わせる。左側にタブを半分に折って合わせ、仮留めする。

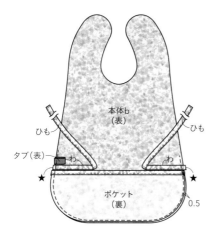

② 本体aの縫い代に、返し口の切り込みを入れる。

③ 本体bに本体aを中表に合わせる。本体aの切り込みを入れた返し口の縫い代を裏側に折り返してよけ、1周縫い合わせる（P81 ㉖作り方 ③ -③〜⑤参照）。

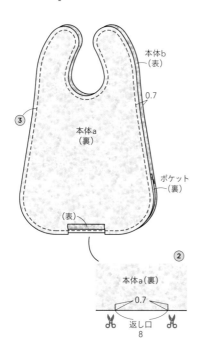

④ カーブ部分の縫い代に、1cm間隔で縫い目の際まで切り込みを入れる。

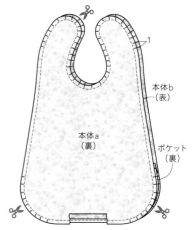

⑤ 返し口から表に返す。返し口の縫い代を裏側に折り込み、際を1周縫う。

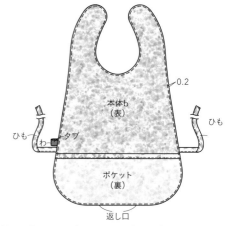

⑥ 型紙を参照し、プラスナップつけ位置に、付属の説明書を参照してプラスナップをつける。でき上がり。使うときは、ポケットを表（本体a側）に返してポケットを広げる。

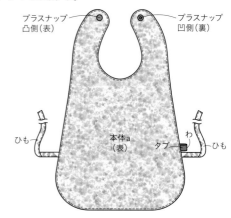

How to Make

▶ 123ページ

46

母子手帳ケース

難易度 ★ ★ ☆

｜でき上がりサイズ｜

約20cm×14cm
（持ち手含まず）

｜材料｜

綿麻キャンバス（プリント柄）…………22cm×36cm
リネン（ブルー）………………………28cm×50cm
綿ブロード（水玉柄）…………………22cm×45cm
接着芯（薄手）…………………………66cm×50cm
革（こげ茶色）……………………………2.5cm×5cm
スエード（こげ茶色）……………………3.5cm×7cm
布テープ…………………………………幅1.2cm×22cm
平ゴム……………………………………幅2cm×約23cm
タブ（好みのもの）………幅1.8cm×5cm（開いた状態）

｜作り方｜ ※単位はcm。

1 折り筋をつけ、持ち手を縫う

① 外布に図のようにアイロンで折り筋をつける。

② 内布に図のようにアイロンで折り筋をつける。下端にジグザグミシンをかける。

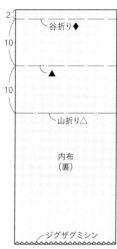

｜裁ち方と寸法図｜ ※単位はcm。
※持ち手以外の裏側に、それぞれ同じサイズの接着芯を貼る。

綿麻キャンバス（プリント柄）

リネン（ブルー）

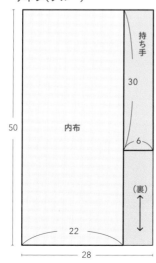

綿ブロード（水玉柄）

③ ポケット布に図のようにアイロンで折り筋をつける。下端にジグザグミシンをかける。

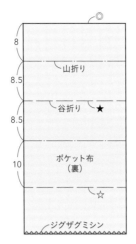

8
山折り
8.5
谷折り ★
8.5
ポケット布（裏）
10
☆
ジグザグミシン

④ 持ち手を外表に半分に折り、開いて上下の端を折る。さらに半分に折り、上下の際を縫う。

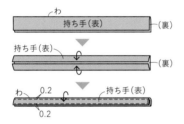

わ
持ち手（表） （裏）
持ち手（表） （裏）
わ 0.2 持ち手（表）
0.2

---

② 外布とポケット布を縫い合わせる

① 外布とポケット布を中表に合わせ、上端を縫う。

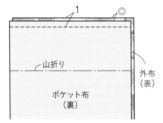

1
山折り
外布（表）
ポケット布（裏）

② 表に返し、外表に合わせて際を縫う。

0.2
外布（表）
ポケット布（裏）

---

③ ポケット布を上から2本めの折り筋（★）に沿って折り、折り山の際を縫う。

0.2
ポケット布（表） ★
外布（表）
（裏）

④ さらにポケット布を残りの折り筋（☆）に沿って折り、折り山の際を縫う。

⑤ ポケットの仕切りを図のように2か所、それぞれ仕切りを四角く縫う。

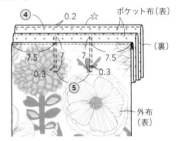

④ 0.2 ☆ ポケット布（表）
（裏）
7.5 7 7 7.5
0.3 0.3
⑤
外布（表）

⑥ 外布を折り筋に沿って折り上げ、反対側に返す。タブを半分に折って左端に合わせ、さらに持ち手を左右の端に合わせて仮留めする。

⑦ 革を外表に半分に折り、外布の表側の上端中央に仮留めする。

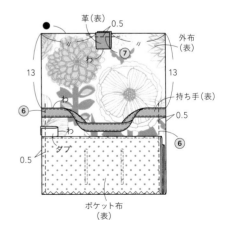

● 革（表） 0.5
外布（表）
わ ⑦
13 13
持ち手（表）
⑥ わ 0.5
わ ⑥
0.5 タブ
ポケット布（表）

3 内布を縫う

① 内布を折り筋に沿って折り、折り山（▲）に布テープを合わせ、スエードを半分に折ってはさんで上下の際を縫う。

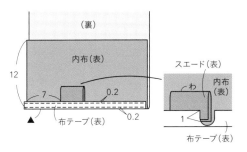

② さらに折り筋（△）に沿って折る。平ゴムを合わせ、左右の端を仮留めする。

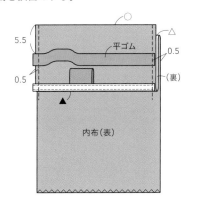

4 縫い合わせて仕上げる

① ②の上端（●）に、③の上端（○）を中表に合わせて縫う。

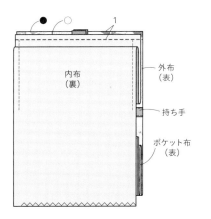

② ①を開き、縫い代を外布側に倒し、はぎ目の際を縫う。

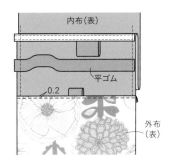

③ 内布を折り筋（◆）に沿って折り、下端を合わせて両脇を縫う。

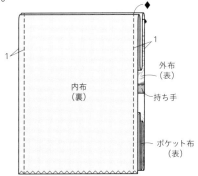

④ 表に返す（P138 ④ 作り方 ③ –①参照）。

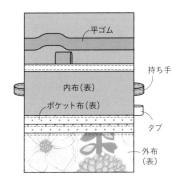

⑤ 形を整え、ポケットを内側にして半分に折り、平ゴムで閉じる。でき上がり。

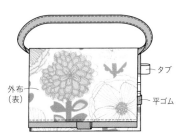

part 10

入園入学グッズ

新しい季節のスタートに、ぜひ揃えておきたいものばかりです。
お子さんと一緒に布選びから楽しみましょう。

裏側のクリップで服に簡
単にセットできます

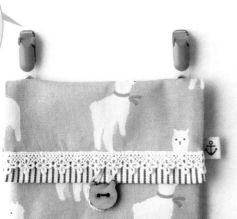

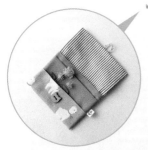

2つのポケットとティッ
シュ入れつき

47

移動ポケット

毎日必要なものだけをまとめてお
けば、忘れ物防止にお役立ち。

▽

作り方…135ページ

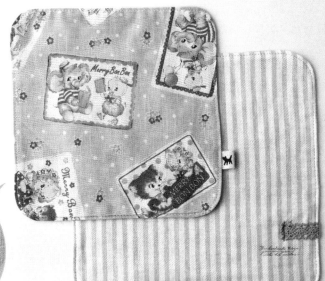

48 ハンカチ
子ども用（上）

49 ハンカチ
大人用（下）

吸水性のよい2枚の素材を組み合わせたハンカチをサイズ違いで。

▽

作り方…139ページ

裏面はダブルガーゼや
ワッフル生地に

50

ポケットティッシュケース

ラミネートで作っているので、濡れた手で触っても安心です。

▽

作り方…140ページ

裏側には、なにかと便利
なポケットつき

巾着シューズケース

入れ口をキュッと絞れるので、落
としたりなくしたりが防げます。

作り方…142ページ

How to Make

▶ 132ページ

◇47 移動ポケット
難易度 ★ ★ ☆

【材料】
<A>
綿オックス（プリント柄）……………17cm×29cm
綿オックス（ストライプ柄）…………17cm×33cm
布テープa（好みのもの）………幅1.2cm×17cmを2本
布テープb（好みのもの）…………幅1cm×10cm
<B>
綿オックス（プリント柄）……………17cm×29cm
デニム（ヒッコリー）…………………17cm×33cm
布テープ（好みのもの）………幅1.2cm×17cm
レーステープa（白）……………幅1.6cm×17cm
レーステープb（生成り）…………幅0.7cm×10cm
<共通>
綿オックス（グレー）…………………17cm×30cm
タブ（好みのもの）……幅1.6cm×4.5cm（開いた状態）
ボタン（好みのもの）…………直径2.1cmを1個
バンドクリップ（好みの色）…………2個セット

でき上がりサイズ

<A> 約11cm 約15cm

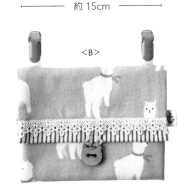

<B>

【裁ち方と寸法図】※単位はcm。
※それぞれ中央の印と、左右に合印をつける。

<A><B>
綿オックス（プリント柄）

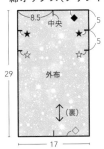

8.5 中央 ◆ 5 / 5 / ★ / ☆ / 外布 29 (裏) 17

<A>綿オックス（ストライプ柄）
<B>デニム（ヒッコリー）

8.5 中央 ■ 12 / ● ● / 内布 33 / (裏) / □ 17

綿オックス（グレー）

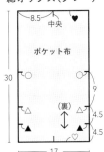

8.5 中央 ♥ / ポケット布 / 30 / ○ ○ 9 / (裏) 4.5 / 4.5 / ▲ ▲ ♥ / 17

Ⓐ外布、Ⓑポケット布、Ⓒ内布、Ⓓバンドクリップ2個セット、
Ⓔ布テープb（<B>はレーステープb）、Ⓕ布テープa（<B>
は布テープとレーステープa）、Ⓖタブ、Ⓗボタン

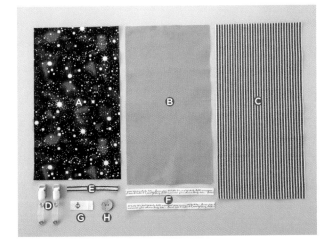

1 外布と内布を縫い合わせる

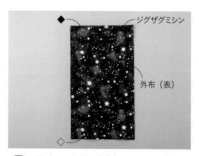

① 外布の上端（◆）にジグザグミシンをかける。

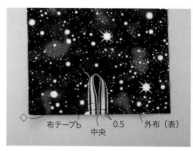

② ①と反対側の端（◇）の表側の中央に、<A>は布テープb、<B>はレーステープbを半分に折って中央に仮留めする。

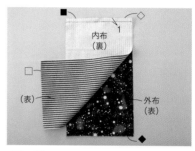

③ ②の上下を逆にし、内布の端（■）と中表に合わせて縫う。

④ 縫い代を外布側に倒して、表に返す。

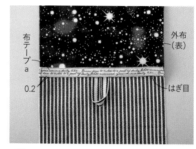

⑤ <A>
布テープa1本をはぎ目に沿って外布の上に合わせ、上下の際を縫う。

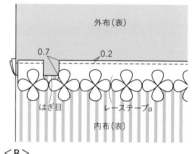

<B>
レーステープaを外布の図の位置に縫いつける。

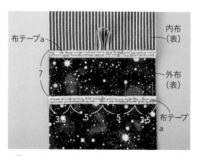

⑥ 布テープaを外布の表側にマチ針でとめ、ペン型チャコで仕切りの線を引く。

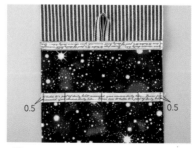

⑦ 仕切りの線を二重に縫い、さらに左右の端を仮留めする。

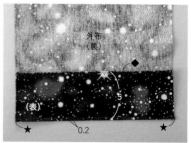

⑧ 外布の端（◆）を左右の合印（★）で裏側に折り、折り山の際を縫う。ティッシュの入れ口（下）になる。

2 ポケット布を縫い合わせる

① ポケットの下端（♡）にジグザグミシンをかける。

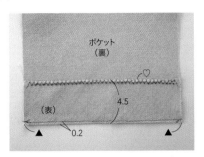

② 端（♡）を左右の合印（▲）で裏側に折り、折り山の際を縫う。ティッシュの入れ口（上）になる。

③ ②と反対側の端（♥）を内布の端（□）に中表に合わせて縫う。

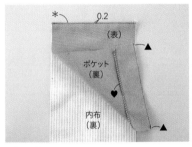

④ ③を表に返し、外表に合わせて際を縫う。ポケット口になる。

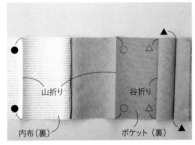

⑤ ④を開いて向きを変え、ポケットと内布を合印で折り、アイロンで折り筋をつける。

Point 折り筋に沿って折りたたむので、山折りと谷折りを正しくつけること。

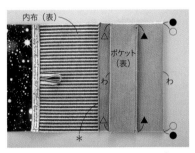

⑥ 表に返し、折り筋の通りにポケットと内布を折る。ポケットの○の折り山と内布の●の折り山が重なる。

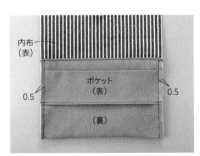

⑦ ⑥の向きを変え、折った部分の左右を仮留めする。

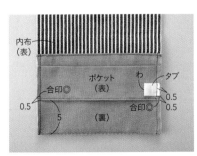

⑧ 左右の端に合印をつけ、右端にタブを仮留めする。

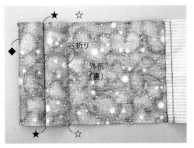

⑨ 外布を左右の合印（☆）で折って、アイロンで軽く折り筋をつける。

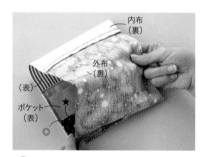

(10) 外布の折り山（★／1－(8)参照）を、写真のようにポケット布の合印（◎）に合わせて重ねる。

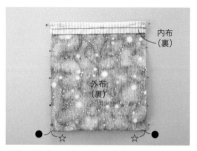

(11) 外布の折り筋（☆）を山折りにして、合印（●）と重ねる。両脇を揃えてまち針でとめる。

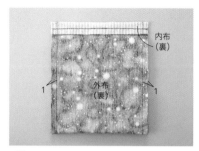

(12) 両脇を縫う。

3 表に返して仕上げる

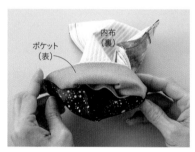

(1) 外布とポケット布の間から表に返す。

(2) 角の縫い代は、折りたたんで表に返す。

(3) 形を整える。

(4) 写真の位置に、外布だけをすくってボタンを縫いつける。

(5) ふたを折り、後ろ側の布テープにバンドクリップを2か所に通してつける。

(6) でき上がり。

How to Make

▶ 133ページ

48 ハンカチ 子ども用

49 ハンカチ 大人用

難易度 ★ ☆ ☆ 手縫いOK

＜子ども用＞　＜大人用＞

でき上がりサイズ

＜子ども用＞約19.5cm×19.5cm
＜大人用＞約22.5cm×22.5cm

材料

＜子ども用＞
コットン（プリント柄）………………………21cm×21cm
ダブルガーゼ（星柄）…………………………21cm×21cm
タブ（好みのもの）……幅1.6×4.5cm（開いた状態）
＜大人用＞
ダブルガーゼ（ストライプ柄）…………24cm×24cm
ワッフル地（ベージュ）………………………24cm×24cm
レーステープ（薄茶色）…………幅1.5cm×5.5cm

裁ち方と寸法図 ※単位はcm。（ ）内の数字は＜大人用＞。

＜子ども用＞
コットン（プリント柄）
＜大人用＞
ダブルガーゼ（ストライプ柄）

21
(24)

表布
（裏）

21
(24)

＜子ども用＞
ダブルガーゼ（星柄）
＜大人用＞
ワッフル地（ベージュ）

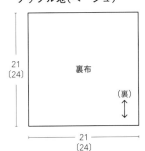

21
(24)

裏布
（裏）

21
(24)

作り方 ※単位はcm。

1 角をカットする

表布、裏布の4つの角を、それぞれカーブにカットする。丸い缶などを当てて、カーブを写すとよい。

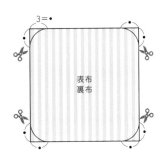

3＝●

表布
裏布

2 縫い合わせて仕上げる

① 表布と裏布を中表に合わせて、指定の位置に返し口を残して縫う。

② カーブの部分の縫い代の端をカットする。

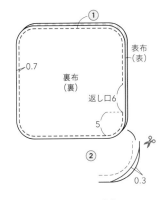

①
0.7
裏布
（裏）
表布
（表）
返し口6
5
②
0.3

③ ＜子ども用＞
返し口から表に返す。返し口にタブを半分に折ってはさみ、際を1周縫う。でき上がり。

0.2
表布
（表）
返し口
（裏）
わ
わ
タブ（表）

＜大人用＞
返し口から表に返す。返し口にレーステープをはさみ、際を1周縫う。レーステープの端を裏側に折り、表布側に折り返して縫いとめる。好みで布用スタンプを押す。でき上がり。

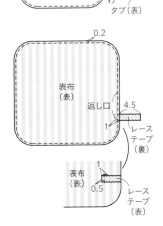

0.2
表布
（表）
返し口
4.5
1
レーステープ（裏）
表布
（表）
1
0.5
レーステープ（表）

▶ 133ページ

50 ポケットティッシュ ケース

難易度 ★ ☆ ☆

でき上がりサイズ

約12cm×8cm×マチ1.5cm

材料

ラミネート（花柄）·····························30cm×17cm
布テープ（好みのもの）···················· 幅1cm×4cm
革ひも（スエード／茶色）·······························10cm
Dカン ···································· 幅1cmを1個

裁ち方と寸法図 ※単位はcm。

ラミネート（花柄）

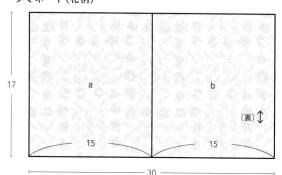

作り方 ※単位はcm。

1 布aとbの端を始末する

① 布aの下端を裏側に三つ折りにして縫う。ティッシュの入れ口（上）になる。

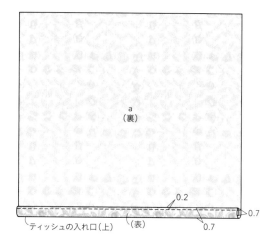

② 布bの上端を裏側に三つ折りにして縫う。ティッシュの入れ口（下）になる。

③ 布bの下端を裏側に三つ折りにして縫う。ポケット口になる。

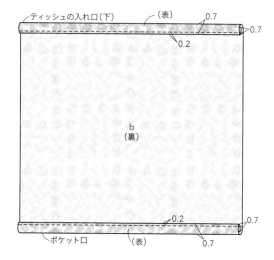

2 布aとbを縫い合わせて仕上げる

① 布テープを半分に折ってDカンを通し、布aの表側の左端に仮留めする。

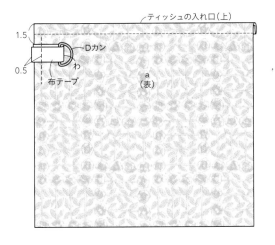

② 布aとbをそれぞれ図のように折る。

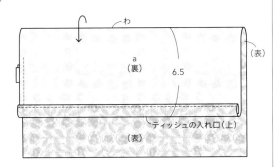

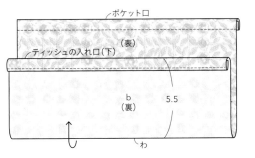

③ 布bのポケット口をaの間に入れ、ティッシュの入れ口を図のように交互に重ね、両脇を縫う。

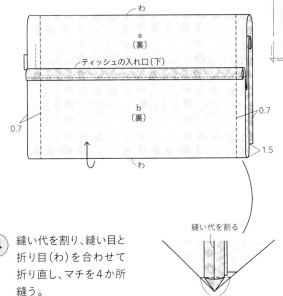

④ 縫い代を割り、縫い目と折り目（わ）を合わせて折り直し、マチを4か所縫う。

⑤ 表に返し、革ひもの両端を斜めにカットし、Dカンに通して結ぶ。でき上がり。

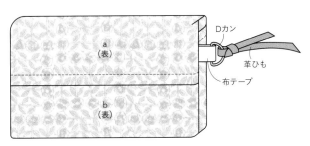

How to Make

▶ 134ページ

51 巾着シューズケース

難易度 ★ ☆ ☆ 手縫いOK

|でき上がりサイズ|

約21cm×28cm
（持ち手含まず）

|材料|

綿オックス（プリント柄）................56cm×33cm
綿ブロード（チェック柄）................46cm×33cm
丸ひも（好みの色）................60cmを2本
タブ................幅1.5cm×4cm（開いた状態）

作り方 ※単位はcm。

1 持ち手を縫う

持ち手の上下の端を裏側に折り、さらに半分に折る。上下の際を縫う。

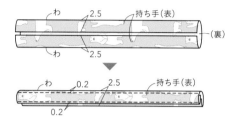

2 外布、内布、持ち手を縫い合わせて仕上げる

① 外布1枚の表側の右端にタブを半分に折って仮留めする。

② ①の外布の表側の上端の中央に持ち手を合わせ、仮留めする。

|裁ち方と寸法図| ※単位はcm。

綿オックス（プリント柄）

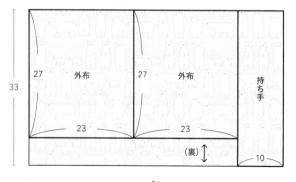

綿ブロード（チェック柄）

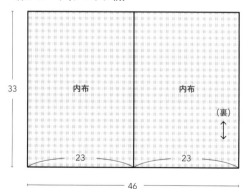

3 持ち手の反対側の端を、もう1枚の外布の表側の上端の中央に合わせ、仮留めする。

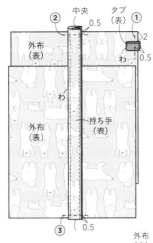

7 両脇の縫い代を割り、ひも通し口から表に返す。内布を図のように折って外布に合わせて、外布の際を1周縫う。

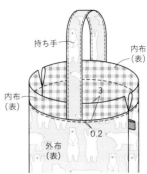

4 ②の外布に内布1枚を中表に合わせて、上端（持ち手を仮留めした側）を縫う。縫い代は外布側に倒す。

5 ③の外布にもう1枚の内布を中表に合わせ、上端（持ち手を仮留めした側）を縫う。縫い代は外布側に倒す。

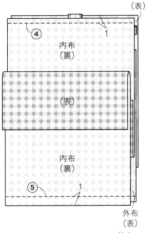

8 持ち手をよけ、内布の上端をそれぞれ縫う。

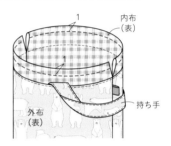

6 外布どうし、内布どうしを中表に合わせる。内布の左右にひも通し口を残して、まわりを縫い合わせる。

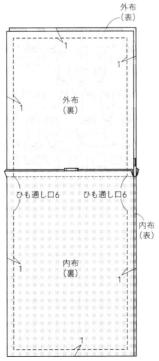

9 ひも通し口から、それぞれ1本ずつ丸ひもを1周通し、端どうしを2本一緒にひと結びする。でき上がり。

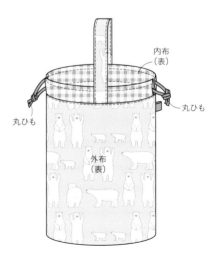

著者　**猪俣友紀**（いのまたゆき）

ヴォーグ学園東京校・横浜校講師。2005年から始めた日々のハンドメイドを綴るブログにて、布合わせや作り方のポイントなどを作品と共に紹介。手芸誌をはじめ、インテリア誌、映画の監修、メディアなどにも多く取り上げられ幅広く活躍。著書に『はじめてでもすてきに作れるバッグのきほん』（西東社）をはじめ、『簡単！手作りマスク　おしゃれなアイデア100』、『簡単、おしゃれなマスクの作り方』（共に宝島社）、『猪俣友紀（neige＋）の仕立てがきれいな大人バッグ』（ブティック社）、『布合わせを楽しむワンランク上の布バッグ』（スタジオタッククリエイティブ）、『猪俣友紀のまいにちの布こもの』（エクスナレッジ）など多数。

ブログ「neige+手作りのある暮らし」https://yunyuns.exblog.jp/
Instagram@neige__y　　YouTube https://m.youtube.com/c/neige7
Facebook　https://www.facebook.com/neige.yunyun

撮影	田辺エリ
スタイリング	鈴木亜希子
ブックデザイン	瀬戸冬実
トレース・DTP	八文字則子
校閲	明地恵子
執筆協力	海老原順子
編集協力	石井香織（株式会社シーオーツー）
素材提供	植村株式会社（INAZUMA）http://inazuma.biz/
	株式会社コッカ　https://www.kokka.co.jp/
	デコレクションズ　https://decollections.co.jp/

はじめてでもかわいく作れる 布こもの事典

2021年3月10日発行　第1版
2021年7月15日発行　第1版　第2刷

著　者	猪俣友紀
発行者	若松和紀
発行所	株式会社 西東社

〒113-0034　東京都文京区湯島2-3-13
https://www.seitosha.co.jp/
電話　03-5800-3120（代）
※本書に記載のない内容のご質問や著者等の連絡先につきましては、お答えできかねます。

ISBN 978-4-7916-3016-5